매일 가볍게
한 칸 도시락
LIGHT LUNCHBOX

매일 가볍게
한 칸 도시락

반찬 걱정 없이 쉽고 간단한 저속노화 채소·단백질 레시피 60

김경민 지음

ALWAYS BE HEALTHY
LIGHT LUNCHBOX

래디시

작가의 말

ALWAYS BE

두바이는 외식 물가가 너무 높아요. 샌드위치는 50디람, 한화로 2만 원 정도고 식사류는 1인분에 거의 100디람, 한화로 4만 원 정도나 하지요. 매일 외식을 한다면 가계에 부담이 될 정도예요. 그래서 남편은 종종 도시락을 가지고 출근합니다. 도시락을 싸는 일이 번거롭고 귀찮을 때도 있지만, 직접 만든 점심은 더 건강하고 돈도 절약되며 뿌듯함까지 느낄 수 있어요. 사 먹는 점심은 질리기도 하고 속이 불편할 때도 있지만 도시락은 그럴 일도 없죠.

외국인들과 함께 일을 해서 냄새가 많이 나지 않으면서 한 칸짜리 도시락통에 담기 쉬운 메뉴로 구성해 단출한 도시락이 주를 이룹니다. 우리 집은 밑반찬을 미리 잔뜩 만들어두는 편이 아니기도 해서 한국의 전형적인 도시락과는 조금 다르지만 든든하고 만들기도 쉬워요. 어쩌다 반찬 몇 가지를 만드는 날에는 다음 날의 도시락을 위해 더 만들 때도 있지만 매번 그렇게 하기는 쉽지 않아요. 도시락을 싸는 1인 가구라면 더더욱 힘들겠지요. 도시락을 쌀 때마다 장을 볼 수도 없고 남은 재료도 처치 곤란이에요.

그래서 미리 만들어두는 음식을 활용하고 비슷한 듯하지만 다양하게 응용할 수 있도록 구성해 보았습니다. 만들기 쉬운 소스나 간단한 조리법으로 어떻게 변화를 주었나 보는 재미를 느낄 수 있었으면 좋겠어요.

남편은 출근하면서부터 도시락을 먹을 생각에 설렌다고 해요. 그럴 때마다 도시락을 만드는 보람과 재미를 느끼게 됩니다. 오늘부터 나를 위해, 가족을 위해, 당연한 일상에 약간의 정성과 노력을 들여보세요. 건강은 물론, 절약까지 할 수 있는 도시락의 세계에 빠지게 될 거예요.

김경민

HEALTHY

차례

CONTENTS

4	작가의 말		
10	한 칸 도시락을 준비하며 알아둘 것들		
12	주의 사항		

PART 1
가벼운 한 그릇 — 저속노화 채소 도시락

22	상큼 샐러드 파스타	52	두부 달걀밥찜
24	크리미 샐러드 파스타	54	양송이버섯 볶음밥
26	새우 샐러드 파스타	56	토마토파스타 밀프렙
28	새송이버섯 어묵 덮밥	58	─토마토소스
30	양배추 당근 매콤 덮밥	59	─스파게티 삶기
32	칠리새우 덮밥	60	─토핑 5가지
34	미나리 김밥	64	기본 샐러드 드레싱
36	미나리 들기름 메밀국수	66	파슬리 쿠스쿠스 샐러드
38	미나리 새송이버섯 비빔밥	70	올리브 곡물 샐러드
40	기본 햄채소 볶음밥	72	나폴리탄 파스타
42	─스크램블드에그 볶음밥	76	구운 채소 곡물 샐러드
44	─오므라이스소스 볶음밥	78	묵은지 참치김밥
46	─볶음밥 부리토	80	참치마요 덮밥
48	땅콩소스 메밀국수	82	참치 샌드위치
50	채소볶음 메밀국수	84	참치 오일 파스타

PART 2

든든한 한 그릇 — 저속노화 단백질 도시락

88	**고추장볶음**	112	**소고기볶음**
90	고추장볶음 쌈밥	114	소고기볶음 유부초밥
92	고추장볶음 두부조림 덮밥	116	소고기볶음 주먹밥
94	고추장볶음 채소비빔밥	118	소고기볶음 파스타
96	고추장볶음 치즈 덮밥	120	소고기볶음 쌈밥
		122	소고기볶음 부리토
98	**닭가슴살**	124	소고기볶음 덮밥
100	닭가슴살 파프리카 덮밥	126	소고기볶음 콩나물밥
102	닭가슴살 간장조림 덮밥		
104	닭가슴살 들기름 덮밥	128	**훈제 오리**
106	닭가슴살 매콤 덮밥	130	훈제 오리 채소찜
108	닭가슴살 비빔국수	132	훈제 오리 간단 덮밥
		134	훈제 오리 김밥
		136	훈제 오리 매콤 덮밥
		138	훈제 오리 곡물 샐러드

PART 3
초간단 만능 곁들임 반찬

142	**곁들임 반찬 5종 세트**	148	견과류 고추무침
144	진미채무침	150	오이무침
146	멸치볶음	152	올리브무침

한 칸 도시락을 준비하며 알아둘 것들

✦ **채소 손질하기**

채소는 미리 세척해 물기를 제거하고 냉장고에 보관하면 더 오래 보관할 수 있어요.

요리할 때 가장 많은 시간이 드는 과정이 재료 손질입니다. 도시락 메뉴가 정해졌다면 미리 재료를 손질해 두는 것이 편해요. 전날 밤 요리 재료를 미리 손질해 두었다가 다음 날 아침에 만들기만 하면 시간을 단축시킬 수 있어요.

✦ **파스타 삶기**(59쪽 참고)

파스타를 만들 때 면을 삶고 조리까지 하면 설거지할 냄비가 많이 생겨요. 하지만 면을 미리 삶아두면 맛은 살짝 떨어질지 모르나 바쁠 때 무척 유용해요. 포장지의 설명보다 1분 정도 덜 삶고 올리브오일로 코팅해서 냉동 보관합니다. 파스타를 만들 때 꺼내 해동 없이 물을 조금 넣고 살살 풀어주면 금방 풀리고 씹는 맛도 좋아요. 삶은 면을 냉장 보관해도 되지만 냉장 보관한다면 3일 안에 먹어야 합니다.

THINGS TO KNOW

✦ 햇반처럼 밥 보관하기

갓 지은 밥을 냉동 보관이 가능한 용기에 넣고 한 김 식힌 뒤 따뜻할 때 냉동실에 넣어서 보관하세요. 냉동했던 밥을 전자레인지에 넣어 데울 때는 물을 1큰술 정도 넣으면 더 촉촉해져요.

✦ 파 다진 것 보관하기

파는 깨와 함께 고명으로 올리면 색감도 살고 요리가 풍성해져요. 파를 씻어서 물기를 닦고 쫑쫑 썬 뒤 냉장 보관해 주세요. 필요할 때마다 꺼내 사용하고 5일 정도 보관 가능해요. 요리에 고명으로도 쓰고 양념에도 쓸 수 있어요. 파가 남으면 달걀말이나 달걀찜을 만들 때 넣거나 반찬을 만들 때 사용하면 돼요.

✦ 도시락통

곁들일 소스를 담아가는 통은 미니 잼병이 좋아요. 잼을 다 먹고 귀여운 유리병을 씻어서 사용하면 환경에도 좋고, 꽉 닫혀 소스가 새지 않아요. 참, 요리 때문에 색이 물든 도시락통이나 뚜껑은 햇볕이 드는 곳에 반나절 정도 두면 색이 없어져요. 꼭 해보시길 바라요.

AS YOU PREPARE

결혼 초반에 가끔 도시락을 쌀 때는 나무로 된 예쁜 도시락통을 몇 개 사서 사용했어요. 하지만 주부 6년 차가 된 지금은 좀 더 실용적인 도시락통에 손이 가요. 한 그릇 도시락을 자주 싸기 때문에 한 칸의 군더더기 없는 통을 선호하는데, 도시락통이라고 해서 특별한 것은 없어요. 집에서 흔히 쓰는 유리로 된 밀폐 반찬통도 도시락통으로 좋아요. 요즘은 스테인리스 도시락통도 전자레인지에 데울 수 있는 제품이 많이 나와 있고, 실리콘으로 된 도시락통은 끓는 물에 삶을 수 있어서 위생적이에요. 법랑 제품은 전자레인지에 쓸 수 없어서 차갑게 먹는 요리를 넣을 때 사용해요.

✦ 주의 사항

계량은 숟가락이 아닌 계량스푼과 계량컵을 사용했어요. 액체와 가루 모두 평평하게 수평으로 깎아 담아서 계량해 주세요.

도시락은 소스를 따로 준비합니다. 소스에 간이 되어 있기 때문에 미리 섞어두면 물기가 생기거나 면이 불고 맛이 변해요. 먹기 전에 소스를 흔들어주고 음식과 잘 섞어 먹는 것이 좋아요.

메밀면, 파스타면은 많이 붇지 않아 도시락에 잘 어울려요. 면은 포장지의 설명보다 1분 정도 덜 삶고 오일(올리브오일, 참기름, 들기름 등)로 코팅하면 붇지 않아요. 면 요리를 전자레인지에 넣고 데울 때는 물을 1~2큰술 넣어주면 더 촉촉해져요.

비벼 먹는 요리는 도시락을 넉넉한 크기로 준비해 주세요.

냉동실에서 보관하더라도 한 달은 넘기지 마세요. 냉동 재료는 해동했다가 다시 재냉동하지 마세요. 식중독의 위험이 있어요.

✦레시피 활용법

레시피 중에 ☽ 표시가 있는 과정은 전날 해도 되는 과정이지만 당연하게도 당일에 만드는 게 훨씬 맛있어요. 하지만 아침에는 정신없이 바쁘니 하루 전에 미리 만들어도 괜찮아요.

PART 1

가벼운 한 그릇
저속노화 채소 도시락

LIGHT LUNCHBOX
VEGGIE

FRESH SALAD PASTA
상큼 샐러드 파스타

오렌지를 넣은 상큼한 파스타를 차갑게 냉장고에 넣어두고 점심때 꺼내먹으면 입맛을 돋우죠. 오렌지 대신 다른 과일을 넣어도 좋아요. 과일을 따로 챙겨가지 않아도 도시락 한 통으로 비타민까지 섭취할 수 있어요.

푸실리 70g, 오렌지 1개, 베이비 채소 1줌, 방울토마토 6개, 달걀 1개, 올리브오일 1큰술, 후추 약간(고명)

소스
다진 마늘 ½작은술, 쯔유 1큰술, 레몬즙 2작은술, 올리브오일 1작은술, 식초 1작은술, 올리고당 1작은술, 소금 1꼬집, 후추 적당량

파스타 삶기
물 1L, 소금 1큰술

1. 오렌지는 껍질을 깐 뒤 먹기 좋은 크기로 자르고 방울토마토는 반으로 자른다.
2. 분량의 재료를 골고루 섞어 소스를 만든다.
3. 푸실리는 포장지의 설명보다 1분 정도 덜 삶고 물기를 뺀 뒤 냉장 보관한다.
4. 달걀을 팬에 올려 프라이를 만든다.
5. 푸실리와 오렌지, 베이비 채소, 방울토마토, 올리브오일을 볼에 넣고 살짝 섞은 뒤 달걀프라이, 소스와 함께 도시락통에 담는다.

CREAMY SALAD PASTA
크리미 샐러드 파스타

어렸을 때 좋아했던 '사라다' 같기도 한, 마요네즈에 버무린 냉파스타예요. 전날 미리 준비해 냉장고에 넣어두었다가 시원한 파스타에 소스를 가득 부어 먹으면 상큼하게 충전되는 기분이에요. 과일 한두 가지를 꼭 넣는 것이 좋은데, 이 레시피는 청포도를 넣어 달콤함을 더해주었어요.

TIP
✧ 소스가 많은 듯하지만 크리미한 소스는 넉넉히 뿌려야 맛있다. 먹기 전에 모두 부려 잘 섞어 먹는다.

푸실리 70g, 새우 6마리, 양파 ⅙개, 고추 1개, 스위트콘 2큰술, 청포도 10알, 파르미지아노레지아노 가루 약간

새우 삶기
물 400ml, 레몬즙 1작은술, 소금 2꼬집

파스타 삶기
물 1L, 소금 1큰술

소스
다진 마늘 ½작은술, 마요네즈 2큰술, 요거트 1큰술, 레몬즙 1큰술, 올리고당 1큰술, 올리브오일 2작은술, 홀그레인머스터드 1작은술, 까나리액젓 ½작은술

1. 양파는 다지고 고추는 슬라이스하고 청포도는 먹기 좋게 반으로 자른다.
2. 분량의 재료를 골고루 섞어 소스를 만든다.
3. 물을 끓이고 레몬즙과 소금, 새우를 넣은 뒤 2분 정도 데치고 찬물에 식힌다.
4. 푸실리는 포장지의 설명보다 1분 정도 덜 삶고 물기를 빼서 냉장 보관한다.
5. 푸실리와 새우, 양파, 고추, 스위트콘, 청포도를 볼에 넣고 2의 소스를 1큰술 넣어 버무린다.
6. 5의 샐러드 파스타를 도시락통에 담고 남은 소스는 따로 담은 뒤 파르미지아노레지아노를 뿌린다.

SHRIMP SALAD PASTA
새우 샐러드 파스타

기온이 올라가 살짝 지치는 날이면 밥보다는 시원하게 먹을 수 있는 면을 도시락 메뉴로 정해요. 우리 입맛에 익숙한 간장 베이스 소스를 만들고 냉장고 안 재고에 맞춰 재료를 준비하면 되는 간단하지만 귀여운 도시락이에요. 새우가 없다면 삶은 달걀이나 크래미를 넣어도 좋아요. 탄수화물, 단백질의 균형을 잘 맞추면 건강한 도시락이 완성돼요.

푸실리 70g, 새우 6마리, 양파 ¼개, 당근 ⅓개, 샐러드 채소 1줌, 방울토마토 4개, 고추 1개, 달걀 1개, 스위트콘 2큰술, 올리브오일 1큰술

새우 굽기
다진 마늘 1작은술, 올리브오일 ½큰술, 후추 약간

파스타 삶기
물 1L, 소금 1큰술

소스
다진 마늘 ½작은술, 진간장 1큰술, 쯔유 1큰술, 올리고당 2작은술, 레몬즙 2작은술, 참기름 2작은술, 후추 적당량

1. 양파와 당근은 채 썰고 방울토마토는 반으로 자르고 고추는 슬라이스 한다.
2. 분량의 재료를 골고루 섞어 소스를 만들고 달걀은 삶는다.
3. 푸실리는 포장지의 설명보다 1분 정도 덜 삶고 물기를 뺀 뒤 냉장 보관한다.
4. 팬에 올리브오일, 마늘, 후추, 새우를 넣고 앞뒤로 노릇하게 굽는다.
5. 모든 재료를 볼에 넣고 올리브오일에 가볍게 버무린다.
6. 5의 샐러드 파스타와 삶은 달걀, 소스를 도시락통에 담는다.

TIP
◇ 스파게티도 좋지만 먹기 편하고 덜 붙는 숏파스타를 사용했다. 푸실리 대신 펜네나 파르팔레를 사용해도 좋다.

새송이버섯 어묵 덮밥

MUSHROOM AND FISHCAKE RICE BOWL

어묵은 항상 냉장고에 있는 식재료 중 하나예요. 밥과 비벼 먹기 좋게 작은 크기로 잘라 새송이버섯과 함께 볶아내면 별미예요. 새송이버섯을 어묵과 비슷한 크기로 자르면 너무 작아져 형태를 찾을 수 없어요. 좀 더 크게 잘라 씹는 맛을 더해주세요. 버섯과 어묵을 길쭉하게 자르고 볶아서 밥반찬으로 만들어도 좋은 메뉴예요.

밥 180g, 새송이버섯 1개, 어묵 1장(50g), 고추 1개, 참기름 ½작은술, 식용유 1½큰술, 삶은 달걀 1개(생략 가능), 다진 쪽파 약간(고명), 깨 약간(고명)

양념
다진 마늘 1작은술, 후추 적당량, 물엿 1큰술, 고추장 2작은술, 굴소스 2작은술, 고춧가루 1작은술

1. 어묵은 작게 자르고 새송이버섯은 어묵의 두 배 크기로 자르고 고추는 도톰하게 썬다.
2. 분량의 재료를 골고루 섞어 양념을 만든다.
3. 팬에 식용유를 두르고 어묵과 새송이버섯을 넣어 노릇하게 볶는다.
4. 고추와 양념을 넣고 간이 배도록 볶다가 참기름을 넣고 마무리한다.
5. 도시락통에 밥과 4의 볶음, 삶은 달걀을 넣고 깨와 쪽파를 뿌린다.

TIP
✧ 양념에서 고추장과 고춧가루를 빼고 간장 2작은술을 넣어 맵지 않게 간장볶음으로 만들어도 좋다.

CABBAGE AND CARROT RICE BOWL

양배추 당근 매콤 덮밥

당근은 한 개를 다 사용하기 어려울 때가 많아 자투리가 꼭 남아요. 남은 당근을 양배추와 함께 볶으면 영양도 더해지고 남은 채소를 알뜰히 먹을 수 있고 색감 또한 풍부해져요. 이 레시피는 된장을 넣는 것이 포인트예요. 매콤한 고춧가루를 넣어 매운맛을 더해주었는데 고춧가루는 빼도 좋아요.

밥 180g, 양배추 120g, 당근 ⅓개, 달걀 1개, 식용유 1큰술, 다진 쪽파 약간(고명), 깨 약간(고명)

양념
다진 마늘 1작은술, 물엿 1큰술, 된장 2작은술, 간장 2작은술, 고춧가루 1작은술, 참기름 1작은술, 후추 적당량

1. 양배추는 약간 굵게 채 썰고 당근도 채 썬다.
2. 분량의 재료를 골고루 섞어 양념을 만든다.
3. 팬에 식용유를 두르고 양배추와 당근을 넣어 볶다가 2의 양념을 넣고 간이 배도록 볶는다.
4. 달걀을 팬에 넣어 프라이를 만든다.
5. 도시락통에 밥, 3의 볶음, 달걀프라이를 담고 쪽파와 깨를 뿌린다.

 TIP

✧ 당근 대신 애호박이나 양파를 사용해도 좋다.

CHILI SHRIMP RICE BOWL
칠리새우 덮밥

새우를 새콤달콤하게 볶으면 소스가 넉넉해 밥과 함께 비벼 먹기 참 좋아요. 마지막에 버터를 넣어 부드러움을 한 스푼 더해주었어요. 소스를 넉넉히 만들어 숏파스타에 올리기도 하는데 각자 취향에 맞춰 다른 재료를 추가해도 좋아요.

새우 12~15마리, 버터 10g, 베이비 채소 1줌, 다진 마늘 2작은술, 올리브오일 1큰술, 다진 쪽파 약간(고명), 깨 약간(고명)

소스
케첩 1½큰술, 굴소스 1큰술, 맛술 1큰술, 물엿 1큰술, 고춧가루 1작은술, 설탕 1작은술, 스리라차 1작은술, 레몬즙 1작은술, 소금 1꼬집

1 분량의 재료를 골고루 섞어 소스를 만든다.
2 팬에 올리브오일과 마늘, 새우를 넣고 잠시 볶는다.
3 새우가 어느 정도 익으면 소스를 넣고 간이 배도록 볶다가 버터를 넣고 한 번 더 섞은 뒤 마무리한다.
4 도시락통에 밥, 3의 칠리새우, 채소를 담고 쪽파와 깨를 뿌린다.

> **TIP**
> ◇ 소스를 1.5배 정도 더 만들어서 남은 소스를 파스타 위에 부어 먹어도 맛있다.

WATER PARSLEY GIMBAP
미나리 김밥

미나리에 초고추장을 넣고 비빔밥을 만드는 걸 좋아하는데, 그 레시피를 응용해 김밥을 만들어 보았어요. 미나리를 가득 넣고, 재빨리 만들 수 있는 스크램블드에그를 넣어 두 가지 재료만으로 김밥을 만들어요. 단출해 보이지만 들깻가루를 넣은 초고추장에 찍어 먹으면 계속 손이 가는 김밥이에요.

미나리 40g, 밥 200g, 김 2장, 달걀 2개, 소금 ¼작은술, 식용유 2작은술, 깨 약간, 참기름 약간

소스
초고추장 1큰술, 들깻가루 2작은술

밥 밑간
참기름 1작은술, 소금 ¼작은술

1. 미나리는 깨끗하게 씻는다.
2. 분량의 재료를 골고루 섞어 소스를 만든다.
3. 밥에 밑간 재료를 넣고 섞는다.
4. 달걀에 소금을 넣고 잘 푼 뒤 팬에 식용유를 넣고 스크램블을 만든다.
5. 김은 거친 면을 위로 두고 밥을 100g씩 얇게 펼친 뒤 4의 달걀, 미나리를 올리고 만다.
6. 참기름을 살짝 바르고 먹기 좋은 크기로 자른다.
7. 김밥과 소스를 도시락통에 담고 깨를 뿌린다.

(TIP)
✧ 미나리 대신 참나물을 생으로 넣어도 맛있다. 두바이에서는 참나물을 구하기가 어려워서 미나리를 사용했다.

WATER PARSLEY BUCKWHEAT NOODLES
미나리 들기름 메밀국수

미나리를 좋아해서 한인마트에서 보이면 자주 구입해요. 한 단을 사면 부지런히 먹어야 하는데 이것저것 해 먹다 보면 금방 소진할 수 있어요. 미나리는 꼼꼼히 세척해서 가볍게 물기를 닦아 보관하는 것이 좋아요. 고소한 들기름과 미나리가 만나 향긋함을 더했어요. 미나리 대신 참나물을 활용해도 맛있어요.

미나리 40g, 메밀면 80g, 양배추 30g, 김가루 8g, 들기름 1큰술, 깨 약간(고명)

양념
쯔유 2½작은술, 들기름 2작은술, 간장 1작은술

1. 미나리는 먹기 좋은 크기로 자르고 양배추는 채 썬다.
2. 분량의 재료를 골고루 섞어 양념을 만든다.
3. 메밀면은 포장지의 설명보다 1분 정도 덜 삶고 찬물에 헹군 뒤 물기를 뺀다.
4. 메밀면과 미나리, 양배추, 김가루를 볼에 넣고 들기름을 넣은 뒤 가볍게 섞는다.
5. 도시락통에 4의 메밀국수와 양념을 담고 깨를 뿌린다.

TIP

✧ 비벼 먹기 쉽도록 들기름을 넣고 미리 섞는다. 재료를 차곡차곡 넣고 싶으면 메밀면만 들기름에 버무려서 재료를 따로따로 넣는다.

WATER PARSLEY AND MUSHROOM BIBIMBAP
미나리 새송이버섯 비빔밥

새송이버섯을 꼬들꼬들하게 볶아 미나리와 비벼 먹으면 씹는 맛도 좋고 미나리 향이 입안 가득 퍼져 더욱 맛있어요. 새송이버섯은 볶기 전에는 많아 보여도 볶으면 부피가 반으로 줄어들기 때문에 넉넉히 볶는 것이 좋아요.

미나리 30g, 밥 180g, 새송이버섯 2개, 들기름 1큰술, 깨 약간(고명)

양념
다진 마늘 ½작은술, 고춧가루 1작은술, 간장 1큰술, 참기름 2작은술, 화이트발사믹 1작은술, 깨 1작은술

1. 미나리는 쫑쫑 썰고 새송이버섯은 5mm 정도 두께로 얇게 슬라이스 한다.
2. 분량의 재료를 골고루 섞어 양념을 만든다.
3. 팬에 들기름을 두르고 새송이버섯을 넣어 중강불에서 노릇하게 굽는다.
4. 도시락통에 밥, 새송이버섯, 미나리, 양념을 담고 깨를 뿌린다.

 TIP
- 먹기 전 전자레인지에서 데우고 비벼 먹는 음식이니 넉넉한 크기의 도시락통에 담아가는 것이 좋다.
- 새송이버섯 대신 느타리버섯을 바싹 구워서 올려도 좋다.

HAM AND VEGETABLE FRIED RICE

기본 햄채소 볶음밥

우리 집에서 만들어 먹는 가장 기본적인 볶음밥이에요. 각종 채소와 스팸이 만나 누구나 먹어도 맛있는 볶음밥이 만들어졌어요. 액젓을 넣어 냄새가 날 것 같지만 볶으면 향이 날아가고 감칠맛이 생겨요. 한번 만들 때 넉넉하게 만들어 냉동실에 한두 통 보관해 놓고 해동해 먹으면 더 간편하죠. 해동한 볶음밥은 다시 재냉동하지 않도록 주의하세요.

밥 600g, 스팸 150g, 당근 ⅔개, 양파 ¾개, 애호박 ½개, 감자 1개(작은 사이즈 120g), 고추 1개, 다진 마늘 1큰술, 다진 대파 흰 부분 1대 분량, 식용유 2½큰술

양념
굴소스 1큰술, 까나리액젓 2작은술, 참치액 2작은술, 참기름 1작은술, 후추 ½작은술

1. 스팸과 모든 채소를 작게 큐브 모양으로 자른다.
2. 팬에 기름을 두르고 마늘, 대파, 스팸을 먼저 넣고 볶다가 어느 정도 볶아졌으면 모든 채소를 넣고 달달 볶는다.
3. 채소에 수분이 날아가면 밥을 넣고 굴소스, 까나리액젓, 참치액을 넣고 빠르게 볶는다.
4. 참기름과 후추를 넣고 한번 더 섞은뒤 마무리한다.

TIP
- 식용유를 많이 넣으면 질퍽한 볶음밥이 된다. 식용유를 많이 넣지 말자.
- 햄, 채소만 전날 준비하고 볶는 과정은 당일 아침에 하면 더 좋지만 바쁘면 미리 볶아서 냉장실이나 냉동실에 보관해도 좋다. 냉장실은 3일 안에 먹을 것을 권한다.

FRIED RICE WITH SCRAMBLED EGGS

스크램블드에그 볶음밥

볶음밥이 많을 때는 소분해 냉동 보관해 두고 한 통은 스크램블을 올려 다음 날의 도시락을 위해 냉장실에 보관해요. 달걀프라이를 올려도 좋지만 스크램블을 올리면 부드러운 식감과 정성이 더해진 것 같은 기분 좋은 도시락이 완성돼요. 케첩은 미리 뿌려도 좋지만 햄버거를 시켜 먹고 남은 1회용 케첩을 두 봉지 정도 챙겨가서 먹기 전에 뿌려 먹는 것이 더 좋아요.

햄채소 볶음밥 250g, 달걀 2개, 케첩 2큰술, 식용유 1큰술, 소금 2꼬집, 다진 쪽파 약간(고명), 깨 약간(고명)

1 팬에 식용유를 넣고 충분히 예열한다.
2 달걀에 소금을 넣어 풀고 팬에 넣은 뒤 젓가락으로 크게 돌리듯 저어 스크램블을 만든다.
3 달걀이 살짝 덜 익었을 때 불을 끄고 햄채소 볶음밥 위에 올린다.
4 쪽파와 깨를 올리고 케첩을 뿌린다.

(TIP)
◇ 차가운 팬에 달걀을 올리면 예쁜 스크램블드에그를 만들 수 없다.

FRIED RICE WITH OMELET SAUCE

오므라이스소스 볶음밥

볶음밥에 조금 더 힘을 주고 싶을 때는 간단하게 만든 오므라이스소스를 함께 넣어요. 소스 재료를 전자레인지에 데워서 만들기 때문에 불을 쓰지 않아도 되지요. 버터가 들어가 부드럽고 고소한 맛이 좋아요.

햄채소 볶음밥 250g, 달걀 2개, 소금 2꼬집, 식용유 1큰술, 깨 약간(고명)

소스
돈가스소스 2큰술, 버터 10g, 케첩 1½큰술, 올리고당 1작은술, 물 2작은술

1 팬에 식용유를 넣고 충분히 예열한다.
2 달걀에 소금을 넣어 풀고 팬에 넣은 뒤 젓가락으로 크게 돌리듯 저어 스크램블을 만든다.
3 달걀이 살짝 덜 익었을 때 불을 끈다.
4 햄채소 볶음밥을 도시락통에 담고 3의 스크램블드에그를 올린 뒤 깨를 뿌린다.
5 돈가스소스, 버터, 케첩, 올리고당, 물을 골고루 섞어 전자레인지에서 1분 정도 데우고 따로 담는다.

TIP
◇ 오므라이스소스는 팬에 재료를 넣고 버터를 녹이며 살짝 끓여 완성하면 좋지만, 최대한 간편하게 전자레인지에 데워서 만든다.
◇ 냉동 볶음밥일 때는 오므라이스소스를 따로 담고 먹기 전 밥과 함께 전자레인지에서 따뜻하게 데운 뒤 부어 먹는다.

FRIED RICE BURRITO
볶음밥 부리토

볶음밥에 케첩을 뿌려 먹으면 더 맛있는데, 그 레시피를 이용해 토르티야에 케첩 대신 토마토 페이스트를 발라 볶음밥과 함께 말아서 먹으면 색다른 별미가 완성돼요.

햄채소 볶음밥 100g, 토르티야 1장 (10인치), 토마토 페이스트 1½큰술, 모차렐라 치즈 간 것 30g, 양상추 2장

1. 양상추를 깨끗하게 씻고 손으로 찢는다.
2. 토르티야를 깔고 토마토 페이스트, 모차렐라, 양상추, 햄채소 볶음밥을 순서대로 차곡차곡 올린다. 너무 높게 쌓지 말고 손으로 약간 눌러준다.
3. 위쪽이 좀 더 좁은 사다리꼴처럼 양옆을 접고 아래로 위를 감싸며 김밥을 말듯 말아준다.
4. 마른 팬에 3의 부리토를 넣어 끝부분이 고정되도록 중약불에서 굽고 모든 면을 살짝 굽는다.
5. 유산지나 랩으로 한 번 감싸고 반으로 잘라 도시락통에 담는다.

PART 1.

TIP

✧ 부리토는 먹기 전에 전자레인지에서 1분 정도 데운다.

✧ 부리토를 미리 만들어두면 냉장실에서 2~3일 정도 보관 가능하다.

✧ 냉동실에 보관한다면 채소는 빼는 것이 좋다.

✧ 토마토 페이스트 대신 케첩 1½큰술이나 스리라차 1큰술을 사용해도 된다.

LIGHT LUNCHBOX

땅콩소스 메밀국수

BUCKWHEAT NOODLES WITH PEANUT SAUCE

땅콩버터를 넣은 소스는 비빌 때 뻑뻑할 수 있어서 약간 묽게 만들어 가져가는 것이 좋아요. 오이를 꼭 넣어야 상큼한 맛이 포인트가 되는데, 고수도 잘 어울려요. 채소는 취향에 맞게 넣어주면 좋아요.

메밀면 80g, 새우 6마리, 양배추 30g, 양파 ¼개, 당근 ¼개, 오이 ⅓개, 올리브오일 2작은술, 참기름 1작은술

새우 삶기
물 400ml, 레몬즙 1작은술, 소금 2꼬집

소스
다진 마늘 ½작은술, 물 2큰술, 땅콩버터 1큰술, 간장 2½작은술, 식초 2작은술, 올리고당 2작은술, 고추장 1작은술

1. 양배추, 양파, 당근, 오이는 얇게 채 썬다.
2. 분량의 재료를 골고루 섞어 소스를 만든다.
3. 물을 끓이고 소금과 새우, 레몬즙을 넣은 뒤 2분 정도 데치고 찬물에 식힌다.
4. 메밀면은 포장지의 설명보다 1분 정도 덜 삶고 찬물에 헹군 뒤 물기를 뺀다.
5. 메밀면과 올리브오일, 참기름을 볼에 넣어 잘 섞은 뒤 도시락통에 담는다.
6. 양배추, 양파, 당근, 오이, 새우를 올리고 소스도 함께 담는다.

TIP
◇ 메밀면 대신 두부면 1팩(100g)을 사용해도 좋다.
◇ 이국적인 맛을 원한다면 고수를 한 줌 넣어도 좋다.

BUCKWHEAT NOODLES WITH FRIED VEGETABLE
채소볶음 메밀국수

메밀국수는 많이 붙지 않아 도시락으로 싸기 좋아요. 채소볶음과 달걀지단을 올려 소스를 따로 담아가 먹기 직전 소스를 부어 살살 섞어주면 뭉치지 않고 면이 잘 풀어져요. 간장을 기본으로 소스를 만들었는데, 고춧가루를 넣어 매콤함을 더해주어도 좋아요..

메밀면 80g, 당근 ⅓개, 양파 ¼개, 애호박 ⅓개, 달걀 1개, 식용유 ½큰술, 참기름 2작은술, 깨 약간(고명)

소스
다진 마늘 ½작은술, 간장 1큰술, 참기름 2작은술, 올리고당 1작은술, 후추 적당량

1. 당근, 양파, 애호박은 얇게 채 썬다.
2. 분량의 재료를 골고루 섞어 소스를 만든다.
3. 팬에 식용유를 두르고 당근, 양파, 애호박을 넣어 중강불에서 볶는다.
4. 달걀을 풀고 팬에 넣어 얇게 부친 뒤 채 썰어서 지단을 만든다.
5. 메밀면은 포장지의 설명보다 1분 정도 덜 삶고 찬물에 헹군 뒤 물기를 뺀다.
6. 메밀면과 참기름을 볼에 넣고 잘 비빈 뒤 도시락통에 담는다.
7. 3의 채소와 달걀지단을 올리고 깨를 뿌린 뒤 소스를 담는다.

> TIP
> ◇ 소스에 고춧가루 2작은술을 넣어 매콤하게 만들어도 좋다.
> ◇ 채소볶음에 정해진 채소는 없다. 냉장고에 있는 자투리 채소를 이용하면 되는데, 파프리카, 무, 버섯 등을 볶아서 곁들이면 된다.

TOFU AND EGG STEAMED RICE
두부 달걀밥찜

과음이나 과식으로 속이 더부룩한 날에는 죽처럼 술술 넘어가는 밥을 찾을 때가 있어요. 달걀찜과 밥을 합쳐 만든 메뉴는 담백하고 양념장과 함께 먹기 때문에 매콤함까지 있어요. 아이들 입에도 딱 맞는 메뉴입니다.

두부 50g, 달걀 2개, 밥 150g, 깨 약간(고명)

양념장
다진 쪽파 6줄기 분량, 다진 양파 ¼개 분량, 간장 4큰술, 참기름 1큰술, 깨 2작은술, 고춧가루 1작은술

달걀물
쪽파 2줄기, 당근 ¼개, 물 5큰술, 맛술 1큰술, 참치액 1작은술, 참기름 1작은술, 소금 1꼬집, 후추 약간

1. 쪽파와 당근은 잘게 다지고 두부는 먹기 좋게 큐브 모양으로 자른다. ◐
2. 분량의 재료를 섞어 양념장을 만든다. ◐
3. 달걀에 달걀물 재료를 모두 넣고 잘 푼다.
4. 도시락에 밥을 담고 두부를 올린 뒤 3의 달걀물을 붓는다.
5. 4를 전자레인지에서 2~3분 정도 데우고 깨를 올린 뒤 양념장을 함께 담는다.

 TIP
- 먹기 전에 전자레인지에서 데워 따뜻하게 먹는다.
- 두부 대신 순두부나 크래미를 이용해도 좋다

MUSHROOM FRIED RICE
양송이버섯 볶음밥

양송이버섯은 하루 이틀만 지나도 금세 거뭇하게 변해버려요. 양송이버섯을 잔뜩 썰어 넣고 버터와 밥과 함께 볶으면 향도 좋고 고소한 볶음밥이 완성돼요. 버터를 넣기 때문에 고추는 꼭 넣는 것이 좋아요.

밥 180g, 양송이버섯 8개, 버터 20g, 쪽파 2줄기, 마늘 4쪽, 고추 1개, 올리브오일 1큰술, 굴소스 1큰술, 소금 2꼬집, 후추 적당량, 깨 약간(고명), 다진 파 약간(고명)

1. 양송이버섯은 4등분하고 마늘과 고추는 슬라이스하고 쪽파는 쫑쫑 다진다.
2. 팬에 버터 10g, 올리브오일, 양송이버섯, 마늘을 넣고 중불에서 노릇하게 볶는다.
3. 2의 팬에 쪽파와 고추를 넣어 한 번 더 볶다가 밥, 굴소스, 남은 버터를 넣고 센불에서 빠르게 볶는다.
4. 소금과 후추를 넉넉히 넣고 가볍게 볶아 마무리한다.
5. 양송이버섯 볶음밥을 도시락에 담고 깨와 파를 올린다.

> TIP
> - 전날 미리 만들어두고 냉장 보관한 뒤 먹기 전에 전자레인지에서 데워 먹어도 좋다.
> - 양송이버섯 대신 느타리버섯이나 표고버섯을 사용해도 좋다.

TOMATO PASTA MEAL PREP
토마토파스타 밀프렙

토마토파스타는 집에서든 도시락이든 자주 만들어 먹어요. 한꺼번에 많이 만들어서 냉동실에 넣어두면 야식으로 하나씩 꺼내 먹기도 좋고, 바쁜 아침에는 냉동실에서 꺼내 바로 가져가도 좋아요. 토핑을 함께 준비해 토마토파스타에 곁들여 올려서 한끼 분량씩 보관하면 됩니다. 갓 만들어 먹는 파스타에 비하면 약간 아쉬운 부분도 있지만 크게 맛을 해치지 않아서 전자레인지에 데워 먹으면 간편한 한 끼로 그만입니다.

토마토파스타 밀프렙 공식
토마토소스 1⅓컵 + 삶은 스파게티 200G + 원하는 토핑 = 1통의 토마토파스타 도시락
* 스파게티를 삶기 전 1인분의 무게는 약 83G이다.

토마토파스타 곁들임 5가지
모차렐라 치즈, 비엔나소시지, 닭가슴살구이, 새우구이, 파슬리 다진 것 2큰술

TOMATO SAUCE
토마토소스

요즘은 시판용 토마토소스도 맛있는 제품이 참 많아요. 하지만 약간의 부지런함을 더해 좀 더 풍부한 맛의 토마토소스를 만들었어요. 채소도 썰어 넣고, 진한 맛을 주고 싶어 시판용 토마토소스에 순수한 토마토퓨레까지 넣어서 말이에요. 직접 만들어 먹으면 녹진하고 깊은 토마토소스의 맛을 느낄 수 있을 거예요.

토마토소스(시판용) 400g, 토마토퓨레 500g, 올리브오일 3큰술, 양파(중간 크기) 1개, 당근 1/6개, 양송이버섯 8개, 다진 마늘 2큰술, 굴소스 1큰술, 소금 1/2작은술, 올리고당 1큰술, 후추 적당량

1. 양파, 당근, 양송이버섯은 곱게 다진다.
2. 냄비에 올리브오일을 두르고 양파와 당근, 마늘을 넣은 뒤 잠시 볶다가 양송이버섯을 넣고 수분이 반으로 줄어들 때까지 중불에서 볶는다.
3. 토마토소스와 토마토퓨레를 넣고 굴소스, 소금, 올리고당, 후추를 넣어 간한 뒤 15분 정도 중약불에서 끓인다.

TIP
- 감칠맛을 주기 위해 굴소스를 넣었지만 생략하고 소금을 좀 더 넣어도 좋다.
- 토마토소스는 제품마다 산미가 조금씩 다르니 신맛을 싫어한다면 단맛(설탕이나 올리고당)을 더 추가한다.

BOIL SPAGHETTI
스파게티 삶기

물론 바로 삶아서 먹는 파스타가 가장 맛있지만 바쁜 아침에 면을 삶는 건 귀찮고 번거로울 수도 있어요. 파스타 한 봉지나 반 봉지를 삶아서 소분한 뒤 냉동실에 보관해 두고 바쁘거나 몸이 힘든 날 꺼내서 바로 조리해 먹어도 편해요. 나름 괜찮은 맛을 내주기 때문에 비상용으로 자주 삶아두는 편이에요.

스파게티 500g(삶기 전 무게), 올리브오일 4큰술, 물 3L, 소금 3큰술

1 냄비에 물과 소금을 넣고 물이 끓으면 스파게티를 넣은 뒤 삶는다.
2 포장지의 설명보다 1분 정도 덜 삶고 큰 트레이나 볼에 면을 꺼내 펼친다.
3 올리브오일을 넣고 스파게티가 코팅되도록 골고루 섞는다.
4 스파게티를 6등분으로 나누고 도시락통이나 지퍼백에 담아 보관한다.

TIP

- 6등분으로 나누면 적당한 한 끼 분량이 된다.
- 지퍼백이나 소분통에 담아 냉장 보관 또는 냉동 보관한다.
- 냉장 보관한 면은 최대 3일, 냉동 보관한 면은 한 달을 넘기지 않도록 한다. 너무 오래 냉동하면 수분이 빠져 푸석해진다.
- 올리브오일로 코팅해야 면이 붙는 것을 방지할 수 있고 냉동실에서 꺼내도 금세 떨어지기 때문에 해동 없이 조리할 수 있다.
- 6등분한 스파게티에 토마토소스를 1⅓컵 정도 넣으면 맛있게 비벼 먹을 수 있다.
- 삶은 파스타는 냉동 보관하고 냉동된 채로 도시락으로 가져간 뒤 먹기 전에 전자레인지에서 데워 먹는다.

FIVE TOPPINGS
토핑 5가지

직접 만든 토마토소스에 면만 있어도 맛있긴 하지만, 든든함과 푸짐함을 더해줄 토핑을 함께 올려 밀프렙해요. 어울릴 만한 토핑 재료를 그때그때 다르게 곁들입니다. 파스타에 부족한 단백질을 채우기 위해서 너무 높지 않은 온도에 구워 속이 촉촉한 닭가슴살, 버터에 구운 고소한 새우, 언제나 먹어도 맛있는 소시지, 오븐 그라탱처럼 올린 치즈를 곁들여요. 요리에서는 색감도 빠질 수 없는 부분이라 향과 색감 모두 만족시켜줄 다진 파슬리도 꼭 뿌려준답니다.

GRILLED CHICKEN
Topping 1 닭가슴살구이

냉장 닭가슴살 120g(한 덩이), 올리브오일 1큰술, 소금 ½작은술, 후추 적당량

1. 닭가슴살 앞뒤로 올리브오일, 소금, 후추를 골고루 바른다.
2. 170℃로 예열한 에어프라이어에 닭가슴살을 넣고 20분 정도 굽는다.
3. 먹기 좋은 크기로 슬라이스 한다.

TIP
- 닭가슴살이 두꺼운 편이면 25분 정도 굽는다.
- 높은 온도로 굽는 것보다 약간 낮은 온도에서 구워야 육즙 가득 촉촉하게 구워진다.

GRILLED SHRIMP
Topping 2 새우구이

새우 12마리, 버터 10g, 다진 마늘 2작은술, 소금 1꼬집, 후추 적당량

1. 모든 재료를 팬에 넣고 새우를 앞뒤로 노릇하게 굽는다.

VIENNA SAUSAGE
Topping 3 비엔나소시지

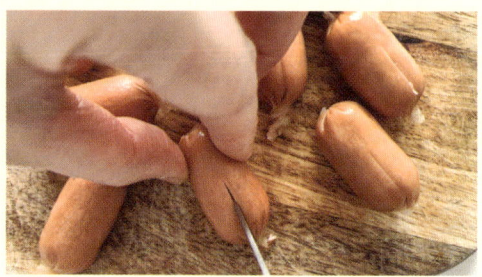

비엔나소시지 10개(취향껏), 식용유 ½큰술

1. 비엔나소시지는 반만 4등분으로 자른다.
2. 식용유를 두른 팬에 소시지를 노릇하게 굽는다.

MOZZARELLA
Topping 4 모차렐라 치즈

TIP
✧ 하드 치즈를 갈아서 파스타 위에 한 줌 정도 올려 냉동 보관한다.

모차렐라 치즈 또는 하드 치즈(그라나파다노 치즈, 페코리노 치즈 등) 간 것 적당량

1. 모차렐라는 30g 정도를 토마토파스타에 올려서 냉동보관한다.

PARSLEY
Topping 5 파슬리

TIP
✧ 파슬리는 콩나물처럼 물에 담가 냉장 보관하면 보관 기간이 늘어난다.
✧ 많은 양을 잘게 다져 냉동실에 보관해 놓고 소스나 파스타를 만들 때 사용하면 된다. 냉동해도 향이 사라지지 않는다.

파슬리 20g

1. 파슬리는 잎 부분만 떼서 잘게 다지고 적당량을 파스타 위에 뿌린다.

BASIC SALAD DRESSING
기본 샐러드 드레싱

가장 기본적인 조합의 샐러드 드레싱입니다. 여기에 홀그레인머스터드를 추가하거나 간장을 조금 추가하는 등 응용이 가능해요. 재료도 단출해 만들기도 쉽고 복잡하지 않아 식재료의 맛도 살려줘요.

1회분
레몬즙 1큰술, 올리브오일 1½큰술, 화이트발사믹 2작은술, 소금 ½작은술, 꿀 ½작은술, 후추 약간

1 모든 재료를 골고루 섞어 샐러드 드레싱을 만든다.

(TIP)
✧ 재료 양을 두세 배로 늘려 넉넉히 만들어두었다가 냉장 보관하고 필요 시 꺼내 사용한다. 일주일 안에 먹는 것이 좋다.

PARSLEY COUSCOUS SALAD
파슬리 쿠스쿠스 샐러드

파슬리 한 단을 사면 다 못 먹을 때가 많아요. 파슬리는 물기 없이 보관하면 꽤 오래 보관할 수 있지만 채소는 금방 먹어야 맛있어요. 파스타를 대량으로 만들 때 듬뿍 뿌려주고 남으면 중동 샐러드인 타불레(Tabbouleh)를 만들어요. 기본 드레싱에 토마토, 오이, 양파, 파슬리를 많이 넣고 만드는 샐러드로 보통 고기에 곁들여 먹어요. 쿠스쿠스를 추가하면 도시락 메뉴로도 좋아요.

쿠스쿠스 30g, 방울토마토 10개, 오이 ¼개, 블랙올리브 6알, 파슬리 50g, 보코치니 6알, 올리브오일 2큰술, 바게트 적당량, 기본 샐러드 드레싱 1회분(65쪽 참고)

1. 쿠스쿠스는 포장지의 설명대로 조리한다.
2. 방울토마토, 오이, 올리브는 먹기 좋게 자르고 파슬리는 잎 부분만 잘게 다진다.
3. 기본 샐러드 드레싱을 만든다.
4. 바게트는 슬라이스하고 팬에 넣은 뒤 올리브오일을 두르고 노릇하게 굽는다
5. 쿠스쿠스, 2의 채소, 보코치니, 올리브오일을 볼에 넣고 가볍게 섞은 뒤 바게트, 기본 샐러드 드레싱과 함께 도시락통에 담는다.

> TIP
> - 쿠스쿠스는 포장지의 설명대로 조리하는 게 가장 좋지만 끓는 물을 쿠스쿠스에 붓고 3분 정도 있다가 물기를 빼도 된다.
> - 기본 샐러드 드레싱은 먹기 전에 잘 흔들어서 붓는다.
> - 바게트 대신 치아바타, 캄파뉴, 사워도우빵 등을 곁들여도 좋다.
> - 쿠스쿠스 대신 불구르(bulgur)나 숏파스타를 넣어도 좋다. 불구르는 중동과 지중해에서 주로 사용하는 재료로 밀을 한 번 쪄서 말린 곡류다. 식이섬유도 풍부하고 쉽게 조리 가능하다. 불구르를 구하기 힘들다면 프레굴라, 투베티, 아넬리처럼 숟가락으로 채소와 함께 먹기 좋은 작은 크기의 파스타면이 좋다.

OLIVE GRAIN SALAD
올리브 곡물 샐러드

현미와 보리로 샐러드를 만드는 것이 생소하게 느껴질 수도 있지만 꼭 만들어보길 추천합니다. 씹을 때마다 입안에서 씹히는 곡물의 맛이 참 고소해요. 밀가루가 아니라 속도 편안하고 채소와 함께 섭취해 부담 없는 한 끼입니다. 사과를 꼭 넣어서 먹는데 사과 대신 상큼하고 달콤한 과일을 넣어도 잘 어울려요.

삶은 현미와 보리 120g, 그린올리브 5알, 양파 ¼개, 방울토마토 6개, 오이 ⅓개, 사과 ½개, 삶은 달걀 1개, 올리브오일 1큰술, 샐러드 채소 적당량, 기본 샐러드 드레싱 1회분(65쪽 참고)

1. 양파, 오이, 사과는 작은 큐브 모양으로 자르고 방울토마토는 반으로 자른다.
2. 기본 샐러드 드레싱을 만든다.
3. 현미와 보리를 삶거나 미리 삶아서 냉동 보관한 것을 해동한다.
4. 현미와 보리, 1의 채소와 과일, 샐러드 채소, 그린올리브, 올리브오일을 볼에 넣고 살살 버무린 뒤 도시락통에 담고 달걀과 기본 샐러드 드레싱을 함께 담는다.

현미와 보리 삶기
현미 ½컵, 보리 ½컵, 물 6컵, 소금 ½작은술

1. 현미와 보리는 씻어서 냄비에 담고 물과 소금을 넣어 중강불에서 끓이다가 한소끔 끓으면 뚜껑을 덮고 중약불에서 30분 정도 익힌다. 중간중간 눌어붙지 않도록 저어준다.
2. 현미와 보리가 다 익으면 채반에 넣고 찬물을 부어 전분기와 열기를 뺀다. 꼼꼼히 씻어낼 필요는 없다.
3. 삶은 현미와 보리를 120g씩 소분해 냉동 보관한다.

- 현미와 보리를 몇 시간 정도 물에 불려놓으면 좋지만 바쁘면 미리 불려놓기가 힘들다. 그럴 때는 물을 많이 넣고 푹 삶는다
- 현미와 보리를 합쳐서 한 컵 정도 삶으면 보통 400g의 결과물이 나온다.
- 삶은 현미와 보리는 100~120g씩 소분해 냉동실에 보관하고 다음 날 해동해서 사용한다.
- 냉동 보관한 현미와 보리는 전자레인지를 해동으로 맞춘 뒤 2분 정도 데운다.

NAPOLITAN PASTA
나폴리탄 파스타

케첩 베이스의 파스타는 새콤달콤한 맛이 있어요. 처음부터 나폴리탄 소스와 함께 비비기 때문에 롱파스타보다는 숏파스타를 선택했어요. 면을 넣지 않고 소시지를 더 넣고 볶으면 밥반찬인 소시지채소볶음이 완성돼요. 가공육은 자주 먹지 않지만 가끔 도시락 반찬으로 활용하기에 좋아요. 대신 채소를 듬뿍 곁들여 먹습니다.

푸실리 80g, 비엔나소시지 6개, 청피망 ⅓개, 양파 ¼개, 마늘 3쪽, 버터 10g, 올리브오일 2큰술+2작은술, 달걀 1개, 후추 적당량, 파르메산 가루 적당량

소스
케첩 3큰술, 굴소스 2작은술, 돈가스 소스 2작은술, 스리라차소스 1작은술, 물 3큰술

1 푸실리는 포장지의 설명보다 1분 정도 덜 삶고 물기를 뺀 뒤 올리브오일 2작은술을 넣고 버무린 다음 냉장고에 보관한다.
2 청피망, 양파는 채 썰고 마늘은 다지고 비엔나소시지는 어슷하게 썬다.
3 분량의 재료를 골고루 섞어 소스를 만든다.
4 달군 팬에 달걀을 넣고 프라이를 만든다.
5 팬에 올리브오일 2큰술 두르고 마늘과 비엔나소시지를 넣어 1분 정도 볶다가 청피망과 양파를 넣어 1분 정도 더 볶는다.
6 푸실리와 소스를 넣어 간이 배도록 볶다가 버터와 후추를 넣고 한 번 더 볶는다.
7 파스타와 달걀프라이를 도시락통에 담고 파르메산 가루를 뿌린다.

TIP
◇ 전날 미리 만들어두고 냉장 보관해도 되지만 소스를 섞어서 면이 살짝 붇는다. 상관없다면 미리 만들어두어도 좋다.
◇ 먹을 때는 전자레인지에서 2분 정도 데운다. 물을 1큰술 넣고 데우면 좀 더 촉촉해진다.

BAKED VEGETABLE AND GRAIN SALAD
구운 채소 곡물 샐러드

여러 가지 채소를 센불에서 익히면 은은한 단맛과 고유의 향과 질감이 살아나요. 거기에 탱글탱글하게 씹히는 삶은 곡물이 어우러져 먹는 내내 즐거운 도시락이에요. 가볍게 먹고 싶을 때 부담 없이 만들기 좋아요.

삶은 곡물 100g(71쪽 참고), 비엔나소시지 5개, 양송이버섯 3개, 애호박 ⅓개, 양파 ¼개, 파프리카 ¼개, 두부 100g(⅛모), 올리브오일 ½큰술, 소금 1꼬집, 다진 쪽파 2작은술, 깨 1작은술, 들기름 1큰술

소스
다진 마늘 ½작은술, 올리브오일 2작은술, 홀그레인머스터드 1작은술, 쯔유 1큰술, 레몬즙 1큰술, 후추 약간

1 비엔나소시지, 양송이버섯, 애호박, 양파, 파프리카, 두부는 먹기 좋게 큐브 모양으로 자른다.
2 분량의 재료를 골고루 섞어 소스를 만든다.
3 팬에 들기름을 두르고 두부를 먼저 넣어 노릇하게 굽다가 나머지 채소와 비엔나소시지, 소금을 넣고 센불에서 볶는다.
4 삶은 곡물과 3의 재료, 올리브오일을 볼에 넣고 살살 버무린 뒤 쪽파와 깨를 넣어 마무리한다. 먹기 전에 소스를 넣고 섞어 먹는다.

> **TIP**
> ✧ 채소는 약간 센불에서 볶아야 더 맛있고 채소가 살짝 덜 익었나 싶을 때 꺼내야 한다. 채소가 잔열로 너무 익으면 흐물흐물해진다.
> ✧ 브로콜리, 당근, 버섯 등 구워서 맛있는 채소는 모두 활용 가능하다.

AGED KIMCHI AND TUNA GIMBAP

묵은지 참치김밥

두바이 한인마트에서 사 먹는 김치는 맛이 많이 들어 시큼할 때가 종종 있어요. 그럴 때마다 양념을 털어내고 볶아서 먹거나 조려서 먹는데 참치와 함께 볶으면 감칠맛이 배가되어 맛있는 밥반찬이 완성돼요. 김밥을 만들고 남은 참치볶음은 달걀말이와 함께 밥반찬으로 담아도 좋아요.

묵은지 참치볶음 4큰술, 밥 200g, 김 2장, 고추 긴 것 2개(또는 작은 것 4개), 깻잎 4장, 참기름 적당량, 깨 적당량 (고명)

묵은지 참치볶음

묵은지 ¼포기(약 400g), 참치통조림 1개(170g), 쪽파 2줄기, 다진 마늘 1큰술, 들기름 2큰술, 물 3큰술, 물엿 2작은술, 참치액 2작은술, 식용유 2작은술, 깨 약간, 후추 약간

밥 밑간

참기름 2작은술, 소금 ¼작은술

1 묵은지는 양념을 씻은 뒤 쫑쫑 썰고 쪽파는 잘게 썬다.
2 팬에 식용유를 두르고 마늘과 쪽파를 넣어 향이 나도록 볶다가 묵은지, 들기름, 물을 넣은 뒤 고소한 향이 올라오도록 볶는다.
3 기름을 뺀 참치와 물엿, 참치액, 후추를 넣고 한 번 더 볶은 뒤 깨를 뿌려 마무리한다.
4 밥에 밑간 재료를 넣고 섞는다. 김은 거친 면이 위로 향하도록 놓고 밑간한 밥을 펼친 뒤 깻잎, 묵은지 참치볶음, 고추를 올리고 말아준다.
5 참기름을 바르고 먹기 좋은 크기로 잘라 도시락통에 담은 뒤 깨를 뿌린다.

> TIP
> ◇ 너무 익은 묵은지는 씻어서 사용하고, 양념만 간단히 털어내고 사용할 때는 참치액을 반으로 줄인다.

TUNAMAYO RICE BOWL
참치마요 덮밥

새벽에 일어나 도시락을 준비해야 할 때도 있는데, 여간 귀찮은 일이 아니지요. 그럴 때는 참치 통조림을 하나 꺼내요. 만들기도 쉽고 시간도 얼마 걸리지 않아 유용하게 활용하는 레시피예요. 밥을 비빌 때 김이 자꾸 떨어지기도 해서 밥에 김과 참기름을 넣고 미리 섞어 담아냈어요. 간단하고 흔한 메뉴지만 약간의 정성을 더해 풍성하게 담아보세요.

참치통조림 1개(80g), 밥 180g, 양파 1/6개(작은 크기 1/4개), 김가루 5g, 베이비 채소 1줌, 참기름 1작은술, 깨 약간(고명)

양념
마요네즈 1큰술, 간장 1작은술, 레몬즙 1작은술, 고추냉이 약간, 후추 약간

1. 양파는 얇게 채 썰고 베이비 채소는 깨끗하게 씻는다.
2. 기름을 뺀 참치와 양파, 양념 재료를 모두 볼에 넣고 잘 버무린다.
3. 김가루와 참기름을 밥에 넣고 섞는다.
4. 도시락통에 3의 밥과 베이비 채소, 2의 참치를 올리고 깨를 뿌린다.

TIP
- 먹기 직전에 김가루를 섞으면 지저분해지니 미리 밥과 섞어 담는다. 이 경우 김이 약간 불어 향이 강해지는데 강한 향이 싫다면 위에 뿌려도 좋다.
- 양파의 매운맛이 싫다면, 채 썬 양파를 찬물에 10분 정도 담가두고 물기를 빼서 사용한다.

TUNA SANDWICH
참치 샌드위치

두바이 카페에 가면 참치 샌드위치가 자주 보여요. 궁금해서 시켜보면 흔한 맛이지만 가격은 40~50디람(15,000~20,000원) 정도나 해요. 이 정도는 비슷하게 만들 수 있겠다 싶어 참치 샌드위치를 만들어보았어요. 아보카도를 넣어 부드러움과 고소함을 더해주니 더 특별해요. 남은 아보카도는 냉동 보관하고 먹을 때 해동해서 포크로 으깨어 빵에 발라주면 돼요.

참치통조림 1캔(80g), 식빵 2장, 양파 ⅙개, 상추 3~4장, 아보카도 ½개, 매운 고추 1개(큰 것 ½개), 다진 파슬리 1큰술, 올리브오일 2작은술

소스
마요네즈 1큰술, 올리고당 1작은술, 홀그레인머스터드 1작은술, 레몬즙 ½작은술, 소금 2꼬집, 후추 약간

1 양파, 고추, 파슬리는 잘게 다지고 아보카도는 반으로 잘라 슬라이스한다.
2 참치는 기름을 짜서 볼에 넣고 양파, 고추, 파슬리와 소스 재료를 모두 넣은 뒤 잘 섞는다
3 팬에 올리브오일을 두르고 식빵을 넣어 굽는다.
4 식빵, 상추, 2의 참치, 아보카도, 식빵을 순서대로 차곡차곡 올려 샌드위치를 만들고 먹기 좋은 크기로 잘라 도시락통에 담는다

> **TIP**
> ✧ 샌드위치는 전날 미리 만들어서 냉장 보관해도 좋다. 단, 하루를 넘기면 빵이 푸석해질 수 있으니 오래 보관하지 않는다.
> ✧ 파슬리 대신 다진 쪽파나 다진 셀러리를 넣어도 좋고, 상추 대신 로메인이나 양상추를 사용해도 좋다.

TUNA OIL PASTA
참치 오일 파스타

오일 파스타에 참치를 넣으면 감칠맛이 참 좋아요. 왠지 비릴 것 같지만 레몬즙이 비린 맛을 잡아줘요. 주로 올리브오일에 절인 참치통조림(rio mare)을 사용하는데 통조림 안에 든 올리브오일까지 전부 사용하면, 참치의 감칠맛이 오일에 녹아 나와 더 맛있는 파스타가 완성돼요.

참치통조림 1개(80g), 푸실리 80g, 고추 1개, 마늘 4쪽, 파슬리 1줌, 페퍼론치노 1작은술, 물 3큰술, 올리브오일 2½큰술, 참치통조림 오일 1큰술, 레몬즙 2작은술, 까나리액젓 1½작은술, 소금 1~2꼬집, 후추 약간

면 삶기
물 1L, 소금 1큰술

1. 마늘은 편으로 썰고 고추는 슬라이스하고 파슬리는 잘게 다진다. ◐
2. 푸실리는 포장지의 설명보다 1분 덜 삶고 물기를 뺀 뒤 올리브오일 1큰술을 넣어 버무리고 냉장 보관한다. ◐
3. 팬에 올리브오일 1½큰술과 참치통조림 오일, 마늘, 페퍼론치노를 넣고 향이 날 때까지 살짝 볶는다.
4. 참치를 넣고 1분 정도 볶다가 푸실리와 파슬리, 고추, 물, 까나리액젓을 넣고 볶는다. 간이 부족하면 소금을 넣는다.
5. 레몬즙과 후추를 넣어 가볍게 섞고 도시락통에 담는다.

(TIP)
◇ 까나리액젓 대신 멸치액젓이나 피시소스를 사용해도 좋다.
◇ 푸실리를 전날 삶아서 파스타를 볶을 때 물을 넣었다. 당일에 면을 삶는다면 물 대신 면수 3큰술을 넣는다.
◇ 통조림의 오일이 싫다면 올리브오일 1큰술로 대체한다.

PART 2

든든한 한 그릇
저속노화 단백질 도시락

HEALTHY LUNCHBOX
NON-VEGGIE

STIR-FRIED RED PEPPER PASTE
고추장볶음

도시락뿐만 아니라 밑반찬으로도 자주 만드는 메뉴예요. 갓 지은 밥에 고추장볶음을 몇 큰 술 올리고 비벼만 먹어도 맛있고, 찌개를 끓일 때 한두 큰술 넣어서 먹기도 해요. 중간중간 씹히는 소고기에 매콤함까지 더해져 활용하기 좋은 치트키 같은 밑반찬이죠.

소고기 간 것 200g, 고추장 200g, 양파 ½개, 다진 마늘 1½큰술, 대파 흰 부분 1대 분량, 물엿 2큰술, 맛술 2큰술, 식용유 1큰술, 후추 약간

1 소고기는 키친타월로 핏물을 제거하고 양파와 대파는 잘게 다진다.
2 팬에 식용유를 두르고 양파와 대파를 넣어 양파가 투명해질 때까지 중불에서 볶는다.
3 소고기와 마늘, 맛술을 넣고 수분이 날아갈 때까지 강불에서 볶는다.
4 고추장과 물엿을 넣고 중불로 줄인 뒤 되직하게 점성이 생기도록 볶는다.

TIP
◆ 센불에서 고추장을 볶으면 탈 수도 있으니 불을 줄이고 볶는다.
◆ 한 번 만들어두면 2주 정도 냉장 보관이 가능하다.
◆ 참기름을 넣으면 냉장 보관 시 참기름 향이 시리지기 때문에, 고소한 맛을 추가하고 싶다면 먹을 때마다 참기름을 적당히 넣는 것이 좋다.

고추장볶음 쌈밥

SSAMBAP WITH STIR-FRIED RED PEPPER PASTE

상추 모양이 예뻐서 손이 많이 갈 것 같지만, 쌈 싸듯 손에 올려서 감싸면 간단하게 아기자기하고 예쁜 도시락이 완성돼요. 밥에 고추장볶음이 너무 단출한가 싶어 두부구이를 넣어 든든함을 더했어요. 고추장볶음은 미리 밥 위에 올려도 좋고, 따로 가져가 먹을 때 올려 먹어도 좋고, 밥과 함께 비벼 상추에 싸도 좋아요.

고추장볶음 2큰술, 밥 120g, 상추 8~9장, 두부 70g, 들기름 1큰술

1. 상추는 깨끗하게 씻고 두부는 한입 크기로 8등분한다.
2. 팬에 들기름을 두르고 두부를 넣어 노릇하게 굽는다.
3. 상추를 동그랗게 말고 두부, 밥을 적당히 넣은 뒤 도시락통에 차곡차곡 담는다.
4. 3의 쌈밥 위에 고추장볶음을 올린다.

> **TIP**
> ◇ 고추장볶음을 따로 담아 먹을 때 올려 먹어도 좋다.
> ◇ 두부 대신 크래미나 새우를 구워서 쌈에 넣어도 좋다.

고추장볶음 두부조림 덮밥

TOFU RICE BOWL WITH STIR-FRIED RED PEPPER PASTE

간장에 고춧가루를 넣은 기본적인 두부조림도 맛있지만, 고추장볶음을 넣고 만든 두부조림은 또 다른 별미예요. 도시락 메뉴로도 좋은데 밥과 함께 담아내기 때문에 너무 지저분하게 섞일까 봐 마지막에 전분물을 넣어 약간 걸쭉하게 만드는 것이 포인트입니다.

고추장볶음 2큰술, 두부 ½모(150g), 양파 ¼개, 쪽파 2줄기, 다진 마늘 1큰술, 달걀 1개, 고춧가루 1작은술, 참기름 2작은술, 참치액 1작은술, 식용유 1작은술, 전분물 1큰술(전분가루 1큰술+물 1큰술), 채소 믹스 약간, 깨 약간(고명)

1. 두부는 큐브 모양으로 자르고 양파, 쪽파는 잘게 다진다.
2. 참기름과 식용유를 냄비에 넣고 양파, 쪽파, 마늘을 넣은 뒤 향이 나도록 살짝 볶는다.
3. 고추장볶음과 고춧가루를 넣고 1분 정도 볶다가 두부, 참치액, 물을 넣고 살짝 끓인다.
4. 전분가루와 물을 섞어 전분물을 만들고 3에 넣어 덩어리지지 않도록 재빨리 섞는다. 점성이 생기도록 1분 정도 더 끓인다.
5. 팬에 달걀을 넣어 프라이를 만든다. 도시락통에 밥을 담고 채소 믹스와 4의 두부조림, 달걀프라이를 넣은 뒤 깨를 뿌린다.

TIP

✧ 전분물은 생략해도 무방하다. 국물이 자작하도록 담아도 되지만 도시락이라 밥과 너무 섞일 수도 있어서 점성이 생기도록 전분을 넣었다.

VEGETABLE BIBIMBAP WITH STIR-FRIED RED PEPPER PASTE
고추장볶음 채소비빔밥

갖가지 채소를 하나씩 볶아 밥 위에 정갈하게 올려 비빔밥을 만들면 좋겠지만 바쁠 때는 그것마저 사치일 수도 있어요. 어차피 비벼 먹을 테니 채소를 한꺼번에 볶는다고 큰일일까 싶어요. 채소를 얇게 채 썰어 한 번에 볶아내면 시간도 단축되고 골고루 비벼 먹기에도 좋아요. 국수 고명으로도 사용할 수 있어요.

고추장볶음 2½큰술, 밥 180g, 달걀 1개(생략 가능), 당근 ¼개, 양파 ¼개, 애호박 ⅓개, 들기름 1큰술, 참기름 2작은술, 채소 믹스 1줌(생략 가능), 깨 약간(고명)

1. 당근, 양파, 애호박은 얇게 채 썬다. ❶
2. 팬에 들기름을 두르고 당근, 양파, 애호박을 넣어 중강불에서 볶는다. ❷
3. 밥에 고추장볶음과 참기름을 넣고 비빈 뒤 도시락통에 담는다.
4. 팬에 달걀을 넣어 프라이를 만든다.
5. 밥 위에 채소 믹스, 2의 채소, 달걀프라이를 올리고 깨를 뿌린다.

TIP
◇ 양파, 당근, 애호박 대신 버섯, 시금치, 파프리카 등 냉장고에 있는 채소를 활용해도 좋다.

고추장볶음 치즈 덮밥

CHEESE RICE BOWL WITH STIR-FRIED RED PEPPER PASTE

고추장볶음과 치즈만 있으면 뚝딱 완성하는 도시락이에요. 밥에 고추장볶음을 넉넉히 넣고 촉촉하게 비빈 다음 치즈를 듬뿍 올리면 끝. 먹기 전에 전자레인지에 넣어 치즈가 녹을 정도로만 데우면 되는데, 간단한 과정에 비해 정말 맛있는 도시락이에요.

고추장볶음 4큰술, 밥 180g, 스위트콘 2큰술, 모차렐라 치즈 40g, 다진 쪽파 약간(고명), 깨 약간(고명)

1. 고추장볶음, 스위트콘을 밥에 넣고 잘 비빈 뒤 도시락통에 담는다.
2. 모차렐라를 올리고 쪽파와 깨를 뿌린다. 모차렐라는 미리 녹이지 않고 먹기 전 밥과 함께 살짝 데운다.

 TIP

◇ 모차렐라 대신 슬라이스 체다 치즈를 2~3장 올려도 좋다.

CHICKEN BREAST
닭가슴살

육류는 보통 구워서 먹지만, 미오글로빈이 많이 함유된 적색육이 염분과 열을 만나면 몸에 염증을 일으키는 물질을 만든다고 해요. 설거지할 때 보면 소고기에서 나오는 기름은 뽀득하게 잘 씻기지도 않아요. 지방이 혈관에 쌓이기 때문에 성인병까지 걱정되죠. 그래서 동물성단백질이 필요할 때는 가금류를 활용하곤 해요. 특히 닭가슴살은 쪄서 먹거나 구워 먹어도 담백한 맛이 좋아 자주 사용하는 식재료입니다. 닭고기는 미리 조리해 냉동이나 냉장에서 보관하면 잡내가 날 수 있어요. 그래서 닭가슴살을 많이 사면 먹기 좋은 크기로 잘라 신선할 때 냉동 보관하고, 사용할 때마다 해동해서 요리해 먹어요. 닭가슴살을 촉촉하게 굽는 법은 61쪽 레시피를 참고해 주세요.

CHICKEN BREAST AND PAPRIKA RICE BOWL
닭가슴살 파프리카 덮밥

돼지고기나 소고기보다는 닭고기를 더 자주 먹는 편이에요. 든든함을 주고 싶은 날에는 닭가슴살 메뉴를 만드는데 채소와 함께 곁들이면 영양도 골고루 섭취할 수 있어요. 상큼한 파프리카와 함께 짭짤하게 볶아낸 닭고기는 밥과 함께 먹으면 든든한 한 끼로 손색없죠.

닭가슴살 120g, 밥 180g, 빨강 파프리카 ¼개, 노랑 파프리카 ¼개, 양파 ¼개, 마늘 3쪽, 참기름 1작은술, 올리브오일 1½큰술, 깨 약간(고명), 다진 쪽파 약간(고명)

양념
다진 마늘 2작은술, 간장 1큰술, 식초 2작은술, 맛술 2작은술, 홀그레인머스터드 1작은술, 올리고당 2작은술, 소금 1꼬집, 후추 적당량

1 닭가슴살, 파프리카, 양파는 비슷한 길이와 굵기로 채 썰듯 자르고 마늘은 편으로 썬다.
2 분량의 재료를 골고루 섞어 양념을 만든다.
3 팬에 올리브오일을 두르고 닭가슴살과 마늘을 넣어 살짝 볶는다.
4 닭가슴살이 익으면 파프리카, 양파를 넣고 한 번 더 볶다가 2의 양념을 넣은 뒤 빠르게 볶는다.
5 참기름을 두르고 섞은 뒤 도시락통에 밥과 함께 담고 깨와 쪽파로 마무리한다.

TIP
◇ 미리 재료를 손질해 두면 볶는 과정은 10분도 채 걸리지 않기 때문에 되도록 아침에 볶아서 담는 것이 좋다. 조리한 닭고기를 냉장고에 두면 누린내가 날 수도 있다. 냄새가 상관없다면 전날 만들어도 괜찮다.

CHICKEN BREAST RICE BOWL WITH SOY SAUCE
닭가슴살 간장조림 덮밥

데리야키 소스에 조린 것처럼 달콤하고 짭짤하게 볶은 닭가슴살은 양상추와 잘 어울려요. 거기에 마요네즈까지 뿌려 고소함을 주었어요. 간단하지만 정말 맛있으니 꼭 만들어보세요.

닭가슴살 120g, 밥 180g, 양상추 2장, 식용유 2작은술, 마요네즈 적당량, 깨 약간(고명), 다진 쪽파 약간(고명)

양념
다진 마늘 2작은술, 페퍼론치노 ½작은술, 간장 1큰술, 맛술 1큰술, 설탕 1작은술, 후추 적당량

1. 닭가슴살은 작은 큐브 모양으로 자르고 양상추는 먹기 좋게 채 썬다.
2. 분량의 재료를 골고루 섞어 양념을 만들고 닭가슴살에 부어 재운다.
3. 팬에 식용유를 두르고 닭가슴살을 넣어 간장 태운 향이 살짝 날 때까지 중강불에서 바싹 굽는다.
4. 밥, 양상추, 3의 닭가슴살을 도시락통에 순서대로 올리고 깨와 쪽파를 곁들인 뒤 마요네즈를 뿌린다.

> **TIP**
> ◇ 닭가슴살을 간장 양념에 넣어 재울 때는 전날 밤 미리 재워두면 좋지만, 당일 아침 만든다면 15~20분 정도 재워둔다.
> ◇ 양상추 대신 로메인이나 상추, 깻잎을 사용해도 좋다.

닭가슴살 들기름 덮밥

CHICKEN BREAST RICE BOWL WITH PERILLA OIL

부추는 사두면 금방 시들해지고, 매번 해 먹는 메뉴가 정해져 있는 것 같아요. 부추와 닭가슴살은 궁합이 좋아 부추의 향긋한 향과 식감이 닭고기의 맛을 더해줘요. 거기에 들기름까지 더해 고소한 도시락이 완성되었어요. 매콤함이 부족하다 싶으면 청양고추를 함께 넣고 볶아도 되고 매콤한 반찬을 곁들여도 좋아요.

닭가슴살 120g, 밥 180g, 부추 40g, 다진 마늘 1큰술, 달걀 1개, 들기름 1½큰술, 크러시드페퍼 약간(고명), 깨 약간(고명)

양념
굴소스 1큰술, 들기름 1큰술, 소금 2꼬집, 후추 적당량

1. 닭가슴살은 먹기 좋은 크기로 자르고 부추도 비슷한 길이로 자른다.
2. 분량의 재료를 골고루 섞어 양념을 만든다.
3. 팬에 들기름을 두르고 닭가슴살과 마늘을 넣어 볶는다.
4. 닭가슴살이 익으면 팬 한쪽으로 몰아두고 달걀을 풀어서 넣은 뒤 빠르게 저어 스크램블을 만든다.
5. 닭가슴살과 스크램블드에그를 합치고 2의 양념을 넣어 간이 배도록 볶다가, 부추를 넣어 빠르게 섞고 바로 불을 끈다.
6. 밥과 5의 닭가슴살 볶음을 도시락통에 넣고 크러시드페퍼와 깨를 뿌린다.

TIP

✧ 부추 대신 브로콜리나 시금치를 넣어도 좋다. 브로콜리는 끓는 물에 넣어 1분 정도 데친 뒤 사용하고 시금치는 부추와 마찬가지로 마지막 단계에 넣어 빠르게 섞는다.

SPICY RICE BOWL WITH CHICKEN BREAST
닭가슴살 매콤 덮밥

도시락은 여러 명이 함께 먹는 경우가 있어서 너무 냄새가 나는 부담스러운 음식은 피하기도 하죠. 그래서 매콤한 요리를 만들고 싶을 때는 고춧가루 약간에 매운 고추를 더해 매운맛을 내요. 대파의 흰 부분에서 내는 달콤한 맛도 닭가슴살과 잘 어울려요.

닭가슴살 120g, 밥 180g, 대파 흰 부분 1대 분량, 고추 2개, 참기름 ½작은술, 식용유 1큰술, 후추 적당량, 깨 약간(고명)

양념
다진 마늘 1작은술, 고춧가루 1작은술, 미림 1큰술, 간장 2작은술, 물엿 2작은술, 참치액 1작은술

1. 닭가슴살은 먹기 좋은 크기로 자르고 대파와 고추는 1cm 두께로 자른다.
2. 분량의 재료를 골고루 섞어 양념을 만든다.
3. 팬에 식용유를 두르고 닭가슴살, 대파를 넣어 먼저 볶은 뒤 어느 정도 익으면 고추와 2의 양념을 넣고 양념이 배도록 볶는다.
4. 참기름과 후추로 마무리하고 밥과 함께 도시락통에 담은 뒤 깨를 뿌린다.

> **TIP**
> - 매콤한 맛을 원한다면 청양고추를 넣고 덜 맵게 먹고 싶다면 오이고추나 꽈리고추를 넣는다.
> - 대파는 구우면 단맛이 나서 양념과 닭고기와 잘 어울리므로 꼭 넣는다.

SPICY NOODLES WITH CHICKEN BREAST
닭가슴살 비빔국수

닭가슴살을 굽고 결대로 찢어 새콤달콤한 비빔국수에 얹어 먹으면 든든한 한 끼가 되죠. 새콤하게 절인 오이는 꾹 짜지 않고 물기만 살짝 제거해 상큼함을 더해줬어요. 양념을 면과 미리 비비면 불어서 먹기 힘드니 꼭 소스는 따로 담아가 먹기 직전에 부어서 비벼주세요.

(TIP)

✧ 절인 오이와 양파는 물기를 짜지 않고 젓가락으로 들어 물기만 털어내 촉촉한 상태로 올린다.

✧ 양념을 미리 비벼가면 면이 붇고 맛이 떨어지므로 꼭 양념을 따로 가져가서 먹기 전에 비벼 먹는다.

✧ 익힌 닭가슴살은 냉장고에 들어가는 순간 잡내가 날 수 있다. 잡내가 나는 게 싫다면 아침에 굽는 것을 권한다.

✧ 카펠리니는 다른 면보다 익는 시간이 짧으니 아침에 준비한다. 전날 미리 삶는다면 설명서보다 1분 정도 덜 삶고 참기름에 비빈 뒤 냉장 보관한다.

✧ 카펠리니 대신 메밀국수를 사용해도 좋다.

닭가슴살 120g, 카펠리니 70g, 오이 ⅓개, 양파 ¼개, 참기름 2작은술, 깨 약간(고명)

오이, 양파 절이기
식초 1큰술, 설탕 1작은술, 소금 1꼬집

닭가슴살 양념
올리브오일 1큰술, 소금 ½작은술, 후추 약간

양념
다진 마늘 ½작은술, 고추장 1큰술, 올리고당 1큰술, 고춧가루 2작은술, 간장 2작은술, 참기름 ½작은술, 설탕 1작은술

1. 오이는 씨를 제거한 뒤 얇게 슬라이스하고 양파는 채 썬다.
2. 분량의 재료를 골고루 섞어 양념을 만든다.
3. 닭가슴살에 올리브오일, 소금, 후추를 앞뒤로 골고루 바르고 에어프라이어에 넣어 170℃에서 20분 정도 구운 뒤 결대로 찢는다.
4. 오이와 양파에 식초, 설탕, 소금을 넣고 15분 정도 절인다. 물기를 짜지 않고 오이, 양파만 건져서 사용한다.
5. 카펠리니는 포장지의 설명대로 삶고 찬물에 헹궈 물기를 뺀 뒤 참기름을 넣고 버무린다.
6. 카펠리니, 절인 오이와 양파, 닭가슴살, 양념을 도시락통에 넣고 깨를 뿌린다.

STIR-FRIED BEEF
소고기볶음

다진 소고기를 짭짤하고 고슬고슬하게 볶아놓으면 바쁠 때 꺼내서 밥, 찌개, 비빔밥에 활용할 수 있어서 든든해요. 소분해서 냉동실에 보관하고 전자레인지에 넣어 해동해서 사용하면 돼요. 단, 고기가 딱딱해지지 않도록 살짝만 데우기를 추천해요.

소고기 간 것 500g, 대파 흰 부분 1대 분량, 다진 마늘 2큰술, 진간장 3큰술, 맛술 2큰술, 까나리액젓 1큰술, 설탕 1큰술, 물엿 1큰술, 참기름 1큰술, 식용유 ½큰술, 후추 적당량

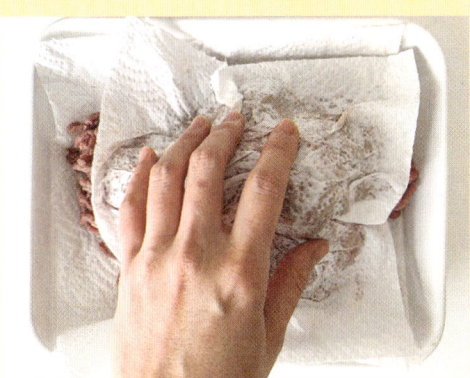

1. 소고기는 키친타월로 핏물을 제거하고 대파는 다진다.
2. 식용유를 뺀 나머지 재료를 모두 볼에 넣어 골고루 섞고 1시간 정도 재운다. *바로 만들어도 되지만 1시간 정도 재우면 소고기에 양념이 배어 더 맛있다.
3. 팬에 식용유를 두르고 2를 넣은 뒤 수분이 날아갈 때까지 중강불에서 바싹 볶는다. 뭉친 부분이 없도록 골고루 섞어가며 볶는다.
4. 3일 안에 먹을 분량은 냉장 보관하고 나머지는 50g씩 소분해 냉동 보관한다.

TIP
- 수분이 있으면 고기에서 냄새가 날 수 있으니 바싹 볶는 것이 좋다.
- 다진 고기를 볶을 때는 덩어리를 잘게 쪼개듯 풀어가며 볶아준다.
- 팬 바닥에 눌어붙듯 센불에서 볶으면 불향이 나서 더 맛있다.
- 냉동 보관한 소고기볶음은 한 달 안에 먹는다.

FRIED TOFU RICE BALLS WITH STIR-FRIED BEEF
소고기볶음 유부초밥

유부초밥은 새콤달콤한 맛이 입맛을 돋워요. 유부초밥에 감칠맛 나는 소고기볶음을 넣어서 속을 채우면 든든함까지 챙길 수 있어요. 모든 재료를 한 번에 넣어 섞고 유부 속을 가득 채우기만 하면 되어서 별다른 스킬 없이 금방 만들 수 있는 도시락입니다.

소고기볶음 50g, 밥 150g, 달걀 1개, 쪽파 2대, 유부 8장(시판 삼각유부), 참기름 1작은술, 소금 1꼬집, 식용유 ½큰술, 유부초밥 플레이크 1봉지, 깨 약간(고명)

1. 소고기볶음은 따뜻할 정도로만 전자레인지에서 데우고 쪽파는 다진다.
2. 달걀에 소금을 넣고 푼 뒤 달군 팬에 올려 스크램블을 만든다.
3. 유부는 손바닥으로 눌러 물기를 짠다. 너무 꽉 짜면 퍽퍽해지니 적당히 촉촉한 정도가 적당하다.
4. 밥, 소고기볶음, 달걀, 쪽파, 유부 플레이크, 참기름을 볼에 넣고 잘 섞는다.
5. 유부 안에 **4**를 적당량씩 넣고 깨로 마무리한다.

> **TIP**
> ◇ 밥을 평평하게 펼친 뒤 피자 조각 나누듯 원하는 개수만큼 나누면 비슷한 양으로 유부초밥을 만들 수 있다.
> ◇ 유부초밥 안에 들어 있는 초밥 소스는 사용하지 않으니 냉동실에 보관해 두고 김밥이나 쌈밥을 만들 때 활용한다.

RICE BALLS WITH STIR-FRIED BEEF
소고기볶음 주먹밥

바쁜 아침에 냉동밥과 소고기볶음을 데우고 초록을 더해줄 깻잎 몇 장만 썰어 넣어 골고루 비빈 뒤 동그랗게 뭉치면 금세 주먹밥을 만들 수 있어요. 마요네즈를 살짝 올려주면 더 귀여운 도시락이 완성됩니다.

소고기볶음 50g, 밥 180g, 깻잎 4장, 김가루 5g, 참기름 1½작은술, 소금 1꼬집, 깨 1작은술, 마요네즈 적당량, 깨 약간(고명)

1. 깻잎은 채 썬다.
2. 소고기볶음을 해동하고 소고기볶음, 밥, 깻잎, 김가루, 참기름, 소금, 깨를 볼에 넣고 잘 섞는다.
3. 2를 먹기 좋은 크기로 동그랗게 만들어 도시락통에 넣고 마요네즈를 올린 뒤 깨로 마무리한다.

TIP
- 밥이 따뜻할 때 뭉쳐야 잘 뭉쳐진다.
- 깻잎 대신 미나리나 참나물을 넣어도 좋다. 미나리나 참나물은 밥과 뭉치기 쉽게 쫑쫑 썰고 익히지 않고 생으로 넣는다.

STIR-FRIED BEEF PASTA
소고기볶음 파스타

오일 베이스의 파스타는 잘 붙지 않아서 종종 도시락 메뉴로 만들곤 해요. 스파게티면 같은 롱 파스타보다는 숏파스타가 덜 불어서 도시락에 적합해요. 매콤한 페퍼론치노와 치즈, 소고기볶음이 감칠맛을 끌어 올려요. 다음 날 전자레인지에서 데울 때는 물 2큰술을 넣고 중간에 섞어서 데우면 좋아요.

소고기볶음 100g, 펜네 80g, 마늘 4쪽, 쪽파 1대, 페퍼론치노 1작은술, 파르미지아노레지아노 가루 4큰술, 물 3큰술, 굴소스 1작은술, 올리브오일 3큰술, 후추 적당량

면 삶기
물 1L, 소금 1큰술

1. 마늘은 편으로 썰고 쪽파는 쫑쫑 썬다.
2. 냄비에 물, 소금을 넣고 끓인 뒤 펜네를 넣고 포장지의 설명보다 1분 정도 덜 삶는다.
3. 팬에 올리브오일을 두르고 마늘과 페퍼론치노를 넣어 향이 나도록 살짝 볶는다.
4. 소고기볶음을 넣고 좀 더 볶다가 펜네를 넣고 파르미지아노레지아노 2큰술, 물, 굴소스를 넣고 섞으면서 볶는다.
5. 4에 후추를 뿌리고 도시락통에 담은 뒤 남은 파르미지아노레지아노와 쪽파를 올린다.

TIP
- 냉동 면을 해동하지 않고 바로 조리하면 금방 녹는다.
- 당일 아침에 만든다면 4의 과정에서 물 대신 면수 3큰술을 넣는다.

STIR-FRIED BEEF SSAMBAP
소고기볶음 쌈밥

상추를 먹다 보면 꼭 남는 경우가 있어요. 다음 날의 도시락을 위해 몇 장 남겨두기도 하지만요. 소고기볶음과 밥을 섞어서 쌈밥으로 만들면 하나씩 쏙쏙 꺼내 먹기도 좋고 들깨와 섞은 고소한 쌈장과 기가 막히게 잘 어울리죠.

소고기볶음 50g, 밥 150g, 상추 8~9장, 단촛물(유부초밥에 들어 있는) 2작은술, 깨 1작은술, 참기름 1작은술

소스
쌈장 1큰술, 들깨 2작은술, 물 1작은술, 참기름 1작은술

1. 상추를 씻고 분량의 재료를 골고루 섞어 소스를 만든다.
2. 소고기볶음, 단촛물, 깨, 참기름을 밥에 넣고 잘 섞는다. 처음에는 겉도는 듯하지만 계속 섞어주면 찰기가 생긴다.
3. 밥을 동그랗게 먹기 좋은 크기로 만든다. 대략 8~9개 정도가 나온다.
4. 상추는 굵은 심지 부분을 버리고 손으로 살짝 오므린 뒤 3의 밥을 넣고 도시락통에 담는다.
5. 쌈밥 위에 소스를 올린다.

TIP
◇ 소스를 따로 담고 먹을 때마다 올려 먹어도 좋다.

STIR-FRIED BEEF BURRITO
소고기볶음 부리토

밥을 토르티야에 싸면 색다른 매력이 있어요. 채소를 듬뿍 넣고 달고 고소한 소스를 넣어 뚱뚱하게 말아주면 하나씩 들고 먹기에도 편하고 든든해요. 전자레인지에서 살짝 데워 먹는 음식이라 미리 만들어서 냉동실에 보관해 두고 바쁜 아침에 하나씩 들고 나가면 참 편해요. 냉동실에 보관한다면 상추류는 넣지 마세요.

소고기볶음 50g, 밥 100g, 토르티야 1장(10인치), 스위트 콘 2큰술, 양상추 2장, 매운 고추 1개, 모차렐라 치즈 30g, 소금 1꼬집

소스
마요네즈 1큰술, 홀그레인머스터드 1작은술, 꿀 1작은술, 후추 적당량

1. 양상추를 씻어 손으로 적당히 찢고 고추는 얇게 슬라이스한다.
2. 분량의 재료를 골고루 섞어 소스를 만든다.
3. 소고기볶음, 스위트콘, 소금을 밥에 넣고 잘 섞는다.
4. 토르티야 위에 소스를 바르고 모차렐라, 양상추, 고추, 3을 올린 뒤 만다.
5. 마른 팬을 예열하고 4의 부리토를 올린 뒤 끝부분이 고정되도록 먼저 굽고 양면을 골고루 살짝 굽는다.
6. 구운 부리토를 유산지로 감싸고 반으로 자른다.

TIP
- 냉장실에서 2~3일 보관 가능하므로 미리 만들어두면 좋다. 먹기 전에 전자레인지에 넣어 살짝 데워 먹는나.
- 토르티야를 쌀 때는 위쪽이 짧은 사다리꼴이 되도록 양옆을 접은 뒤 아래를 올리면서 감싸듯 만다.
- 양상추 대신 상추나 양배추를 사용해도 좋다.

RICE BOWL WITH STIR-FRIED BEEF
소고기볶음 덮밥

마제소바를 생각하며 만들어본 메뉴입니다. 밥 위에 소고기볶음과 부추를 잔뜩 올려 소스와 비벼 먹는데, 이 소스가 가장 중요해요. 비벼 먹는 메뉴이기 때문에 넉넉한 크기의 도시락통에 넣어야 비벼 먹기 편해요.

소고기볶음 50g, 밥 180g, 부추 30g, 쪽파 1대, 김가루 5g, 깨 약간(고명)

소스
마요네즈 2작은술, 쌈장 1작은술, 쯔유 1작은술, 올리고당 1작은술, 레몬즙 1작은술, 참기름 1작은술

1. 부추와 파는 쫑쫑 썬다.
2. 분량의 재료를 골고루 섞어 소스를 만든다.
3. 밥을 도시락통에 넣고 소고기볶음, 부추, 쪽파, 김가루, 깨를 담은 뒤 2의 소스도 담는다.

 TIP
✧ 부추 대신 깻잎이나 미나리, 고수를 생으로 쫑쫑 썰어 사용해도 좋다.

BEAN SPROUT RICE WITH STIR-FRIED BEEF

소고기볶음 콩나물밥

콩나물밥을 꼭 솥밥처럼 만들 필요는 없어요. 1인분이라면 밥에 콩나물을 한 줌 올려 전자레인지에서 살짝 데우면 콩나물이 익으면서 수분이 나와 촉촉하고 비비기 좋은 상태로 완성되지요. 먹기 전에 전자레인지에서 따뜻하게 데워 먹을 거라 콩나물을 너무 익힐 필요도 없어요. 밥과 콩나물을 미리 섞어 도시락통에 담으면 먹기 편하고 양념은 조금씩 넣어 비벼 먹는 게 좋아요.

소고기볶음 50g, 밥 180g, 콩나물 80g, 물 1큰술(또는 ½큰술), 다진 쪽파 약간(고명), 깨 약간(고명)

양념
다진 쪽파 6대 분량, 다진 고추 1개 분량, 간장 4큰술, 참기름 1큰술, 깨 2작은술, 고춧가루 1작은술

1. 콩나물을 씻고 분량의 재료를 섞어 양념을 만든다.
2. 밥과 콩나물을 그릇에 넣고 랩을 씌운 뒤 구멍을 한두 군데 뚫고 전자레인지에서 3분 정도 데운다.
3. 소고기볶음도 살짝 따뜻할 정도로 전자레인지에서 데운다.
4. 콩나물과 밥을 골고루 섞어 도시락통에 담고 소고기볶음을 올린 뒤 쪽파와 깨를 뿌린다. 양념은 따로 담는다.

TIP
- 양념은 넉넉히 만들어두고 일주일 안에 소진한다.
- 양념에 들어가는 향신채는 다양하게 응용 가능하다. 양파, 깻잎, 달래 등 여러 가지 재료로 만들어보자.

SMOKED DUCK
훈제오리

오리고기에서 나오는 기름은 불포화지방산(HDL)을 높이고 포화지방산(LDL)을 낮추는 데 도움을 줘서 콜레스테롤이나 혈관 염증의 위험을 줄여준다고 해요. 그렇지만 지방의 과도한 섭취는 오히려 독이 될 수 있으니 적당히 먹는 것이 좋아요. 간편하게 요리할 수 있어 훈제 오리를 자주 구입하는데, 되도록 화학첨가물(아질산나트륨, 발색제, 향미증진제 등)이 없는 제품을 추천해요. 첨가물이 신경 쓰인다면 훈제 오리를 끓는 물에 넣어 1~2분 정도 데치고 불순물을 제거한 뒤 사용하세요. 오리고기는 차가운 성질이 있어 따뜻한 성질의 부추를 함께 섭취해 주면 좋아요.

훈제 오리 채소찜

BRAISED SMOKED DUCK AND VEGETABLE

훈제 오리와 채소 몇 가지를 전자레인지에 넣어 찌는 듯 익히고 밥과 담아요. 정말 담백하고 속이 편안한 도시락이에요. 톡 쏘는 겨자소스를 곁들여 먹으면 담백하지만 심심하지 않고 맛있게 먹을 수 있어요. 조리 과정도 정말 간단해서 바쁜 아침에 참 좋아요.

훈제 오리 150g, 밥 120g, 알배추 3장, 부추 30g, 팽이버섯 100g, 깨 약간(고명)

소스
양파 ⅙개, 고추 1개, 간장 1큰술, 식초 ½큰술, 설탕 1작은술, 겨자 ½작은술,

1. 알배추, 부추, 팽이버섯은 먹기 좋은 크기로 자른다.
2. 소스에 들어가는 양파와 고추는 잘게 다지고 분량의 재료를 골고루 섞어 소스를 만든다.
3. 알배추, 부추, 팽이버섯, 훈제 오리를 그릇에 담고 랩을 씌운 뒤 구멍을 살짝 뚫고 전자레인지에서 5분 정도 데운다.
4. 밥, 3의 훈제 오리와 채소를 도시락통에 차곡차곡 담고 깨를 뿌린 뒤 소스도 함께 담는다.
5. 먹기 전에 전자레인지에서 데운다.

SIMPLE SMOKED DUCK RICE BOWL
훈제 오리 간단 덮밥

복잡한 과정 없이 큼직하게 썬 채소와 훈제 오리를 간단하게 볶아 덮밥처럼 담으면 푸짐하고 든든한 도시락이 완성돼요. 오리에서 기름이 나오기 때문에 식용유를 넣을 필요도 없어요. 오리고기 자체에 염분이 있기 때문에 양념을 적게 넣고 담백하게 볶았는데, 느끼함을 줄이고 싶어 매운 고추를 넣어 매콤함도 챙겼어요.

훈제 오리 150g, 밥 180g, 양파 ¼개, 고추 2개, 마늘 6쪽, 깨 약간(고명)

양념
쯔유 2작은술, 참기름 1작은술, 후추 적당량

1. 양파는 먹기 좋은 크기로 자르고 고추는 어슷하게 썰고 마늘은 편으로 썬다.
2. 훈제 오리와 마늘을 팬에 넣고 굽다가 오리에서 기름이 나오면 양파와 고추, 양념 재료를 넣은 뒤 한 번 더 센불에서 볶는다.
3. 밥과 2의 오리볶음을 도시락통에 담고 깨를 뿌린다.

TIP
✧ 후추는 넉넉히 뿌리는 것이 좋고 훈제 오리에서 기름이 나오기 때문에 식용유는 넣지 않는다.

SMOKED DUCK GIMBAP
훈제 오리 김밥

도시락 메뉴로 가장 먼저 떠오르는 건 바로 김밥이죠. 하지만 김밥은 준비해야 할 재료가 은근히 많아요. 칼로리도 높은 편이고요. 도시락으로 김밥을 쌀 때는 간단한 재료로 만드는 편이에요. 두바이는 나물이나 채소가 다양하지 않아 샐러드 채소나 상추 같은 잎채소를 활용해요. 훈제 오리와 쌈채소만으로 김밥을 말고 허니머스터드에 콕 찍어 먹으면 별미 김밥이 완성돼요.

훈제 오리 150g, 밥 200g, 김 2장, 버터헤드레터스 6장, 허니머스터드 적당량, 참기름 적당량, 깨 약간(고명)

밥 밑간
쯔유 2작은술, 참기름 1작은술, 소금 1꼬집

1. 버터헤드레터스는 씻는다.
2. 밥에 밑간 재료를 넣어 섞고 훈제 오리는 마른 팬에서 굽는다.
3. 김은 거친 면이 위로 오게 두고 밥을 얇게 펼친 뒤 버터헤드레터스, 훈제 오리를 올리고 돌돌 만다.
4. 김밥에 참기름을 바르고 먹기 좋은 크기로 자른 뒤 깨를 뿌린다.
5. 김밥을 도시락통에 담고 허니머스터드를 따로 담는다.

(TIP)
✧ 버터헤드레터스 대신 상추나 깻잎을 사용해도 된다.

SPICY RICE BOWL WITH SMOKED DUCK

훈제 오리 매콤 덮밥

제육볶음처럼 매콤한 훈제 오리 덮밥입니다. 제육볶음은 아침에 볶기에는 시간이 좀 걸리기도 하고 시간이 지나면 잡내가 날 수도 있어요. 하지만 빨갛게 볶아낸 훈제 오리는 밥과 비벼 먹으면 입맛을 돋우고 냄새도 나지 않아 도시락으로 좋아요.

훈제 오리 150g, 밥 180g, 양파 ¼개, 부추 20g, 달걀 1개, 식용유 2작은술, 깨 약간(고명)

양념
다진 마늘 1큰술, 고추장 1큰술, 물엿 1큰술, 고춧가루 2작은술, 간장 2작은술

1. 양파는 채 썰고 부추는 양파와 비슷한 길이로 자른다.
2. 분량의 재료를 골고루 섞어 양념을 만들고 훈제 오리에 양념을 넣고 섞는다.
3. 팬에 식용유를 두르고 훈제 오리를 넣은 뒤 2~3분 정도 중불에서 볶는다.
4. 양파를 넣고 한번 더 볶다가 부추를 넣어 한번 뒤적인 뒤 불을 끈다.
5. 팬에 달걀을 넣어 프라이를 만든다.
6. 밥과 4의 훈제 오리볶음, 달걀프라이를 도시락통에 담고 깨를 뿌린다.

TIP
✧ 매콤한 맛을 원한다면 청양고추를 넣고 덜 맵게 먹고 싶다면 오이고추나 꽈리고추를 넣는다.

SMOKED DUCK AND GRAIN SALAD
훈제 오리 곡물 샐러드

간단하게 샐러드를 도시락으로 싸는 날에는 샐러드만으로는 아쉬워 훈제 오리를 넣어 든든함을 더하기도 해요. 베이컨처럼 바싹 구운 훈제 오리와 삶은 곡물, 상큼한 채소, 그리고 중간중간 씹히는 달콤한 사과가 입안에서 조화롭게 어우러져요.

훈제 오리 100g, 삶은 곡물 120g(71쪽 참고), 양파 ¼개, 방울토마토 6개, 오이 ⅓개, 사과 ½개, 파프리카 ¼개, 샐러드 채소 1줌, 올리브오일 1큰술

소스
간장 2½작은술, 참기름 2작은술, 식초 1작은술, 올리고당 1작은술, 겨자 ½작은술, 깨 1작은술, 후추 적당량

1 양파, 방울토마토, 오이, 사과, 파프리카는 비슷한 크기로 자르고 훈제 오리도 작게 자른다.
2 분량의 재료를 골고루 섞어 소스를 만든다.
3 마른 팬에 훈제 오리를 넣어 노릇하게 굽는다
4 삶은 곡물과 모든 채소와 과일, 구운 훈제 오리를 볼에 넣고 올리브오일을 넣은 뒤 가볍게 섞는다.
5 4의 샐러드를 소스와 함께 도시락통에 담는다.

TIP
◇ 사과 대신 오렌지나 복숭아를 넣어도 맛있다.

PART 3

초간단 만능
곁들임 반찬

SIDE DISHES

SIDE DISHES
곁들임 반찬 5종 세트

주로 한 그릇에 담아 가져가는 도시락을 선호하지만 하나만 먹기에 좀 심심하겠다 싶으면 어울릴 만한 밑반찬을 함께 준비해요. 냄새가 많이 나지 않으면서 어디에나 잘 어울릴 만한 반찬 다섯 가지를 소개합니다. 매콤함이 부족하다 싶으면 진미채무침을, 짭짤함을 더해주고 싶으면 멸치볶음이나 고추무침을, 면 요리에는 올리브무침이나 오이무침을 곁들이면 좋아요.

SEASONED DRIED SQUID
진미채무침

매콤달콤하게 무친 진미채는 김과 함께 밥을 싸 먹기만 해도 참 맛있는 밑반찬입니다. 마요네즈를 넣고 버무리는 레시피가 많지만 마요네즈를 넣으면 칼로리만 늘어나요. 하루 정도 지나 양념이 스며들면 마요네즈가 없어도 촉촉해져요. 양념을 끓이는 방법도 있지만 그런 과정 없이도 간단히 만들 수 있고 맛도 좋으니 밑반찬으로 꼭 만들어보길 추천해요.

진미채 120g, 깨 2작은술

양념
다진 마늘 ½작은술, 고추장 2½큰술, 올리고당 2½큰술, 고운 고춧가루 1큰술, 간장 1큰술, 참기름 1큰술, 설탕 ½작은술

1   진미채는 먹기 좋은 크기로 자른다.
2   양념 재료를 볼에 넣고 골고루 섞은 뒤 진미채를 넣고 무친다.
3   깨를 뿌린다.

TIP
◇ 진미채의 불순물과 짠맛이 싫다면 물에 살짝 헹군 뒤 물기를 빼고 사용해도 된다. 하지만 진미채가 물과 만나면 비릿한 맛이 생길 수도 있다.
◇ 고운 고춧가루를 사용해야 색도 빨갛게 나오고 굵은 고춧가루보다 향도 더 많이 난다.

STIR FRIED ANCHOVY
멸치볶음

밑반찬 하면 떠오르는 대표 반찬 중 하나예요. 작은 지리멸치로 먹기 쉽게, 견과류를 더해 씹는 맛과 영양을 더하고, 고추를 썰어 넣어 매콤함을 넣었어요. 동시에 고추에서 나오는 수분으로 멸치볶음이 냉장고에서 딱딱해지는 것을 막아주었어요.

(TIP)
✧ 물엿을 넣어서 딱딱할 것 같지만 고추에서 수분이 나와 딱딱해지지 않는다.

지리멸치 50g, 견과류 믹스 30g, 고추 1개, 다진 마늘 2작은술, 물엿 2큰술, 식용유 1½큰술, 간장 2작은술, 깨 2작은술, 참기름 ½작은술

1. 고추는 얇게 슬라이스한다.
2. 마른 팬에 멸치를 넣고 1분 정도 볶아 수분과 비린내를 날린다.
3. 견과류와 식용유, 마늘을 넣고 살짝 볶는다.
4. 고추, 물엿, 간장을 넣고 간이 배도록 한 번 더 볶은 뒤 참기름, 깨를 넣고 마무리한다.

SEASONED NUTS AND PEPPERS

견과류 고추무침

심심한 샐러드 파스타나 건강한 밥 종류의 도시락을 싸면 매콤하게 입맛 돌도록 고추무침을 반찬으로 담아요. 누구나 아는 고추무침이지만 다진 견과류를 넣어 고소함이 추가되니 너무 매력적인 반찬이 되었어요.

아삭이고추 3개, 견과류 믹스 30g, 쪽파 2줄기, 깨 약간

양념
된장 1큰술, 올리고당 1큰술, 쌈장 2작은술, 깨 2작은술, 고추장 1작은술, 고춧가루 1작은술, 참기름 1작은술

1 고추는 한입 크기로 썰고 쪽파는 쫑쫑 썰고 견과류는 작게 다진다.
2 양념 재료를 모두 볼에 넣고 섞은 뒤 고추, 쪽파, 견과류를 넣고 잘 섞는다.
3 깨를 뿌린다.

TIP
✧ 고소한 맛이 중요하니 견과류를 꼭 넣는다.

CUCUMBER SALAD
오이무침

오이 하나를 다 사용하기에는 양이 많아서 애매하게 남을 때가 많아요. 기름지거나 무거운 메뉴에는 입안을 상큼하게 씻어줄 오이무침이 딱 좋아요. 간도 세지 않고 참깨의 고소함이 더해져 가볍고 상큼하게 먹기 좋은 반찬입니다.

오이 ½개, 다진 마늘 ½작은술, 쯔유 1작은술, 참기름 1작은술, 깨 2큰술

오이 절이기
소금 ½작은술, 설탕 ½작은술

1. 오이는 반으로 길게 자르고 씨를 제거한 뒤 먹기 좋은 크기로 자른다.
2. 오이에 소금과 설탕을 넣고 15분 정도 절인 뒤 물은 버린다.
3. 절인 오이에 나머지 재료를 모두 넣고 잘 섞는다.

✧ 깨를 갈아서 사용하면 더 고소해진다.
✧ 절인 오이는 짜지 않고 물기만 제거한다.

SEASONED OLIVE
올리브무침

올리브 한 병을 사면 샐러드에 넣어 먹거나 빵의 곁들임으로 한두 개 먹을 때가 많아요. 올리브에 매콤한 페퍼론치노를 넣고 파슬리와 함께 무치면 양식 요리의 반찬으로 참 잘 어울려요. 페퍼론치노를 넉넉히 넣어 매콤함을 더하고 입맛을 돋워주세요.

올리브 100g, 파슬리 20g, 쪽파 2줄기, 다진 마늘 1작은술, 페퍼론치노 2작은술, 올리브오일 2큰술, 후추 적당량

1 파슬리는 잘게 다지고 쪽파는 쫑쫑 썬다.
2 모든 재료를 볼에 넣고 잘 섞는다.

TIP
- 올리브절임 자체가 짜기 때문에 따로 간을 하지 않는다.
- 파슬리는 생략해도 되지만 대신 쪽파 양을 두 배로 늘린다.
- 페퍼론치노가 없다면 청양고추 다진 것으로 대체해도 된다.

매일 가볍게 한 칸 도시락

1판 1쇄 인쇄 2025년 5월 12일
1판 5쇄 발행 2025년 7월 11일

지은이. 김경민
펴낸이. 이새봄
펴낸곳. 래디시

디자인. LUCKY BEAR
마케팅. 윤민영
교정 교열. 김민영

출판등록. 제2022-000313호
주소. 서울시 마포구 월드컵북로 400, 5층 21호
연락처. 010-5359-7929
이메일. radish@radishbooks.co.kr
인스타그램. instagram.com/radish_books

ISBN 979-11-93406-07-6   (13590)
© 김경민, 2025

- 책값은 뒤표지에 있습니다.
- 잘못 만들어진 책은 구입하신 서점에서 교환해드립니다.
- 이 책은 저작권법에 따라 보호받는 저작물이므로 무단전재와 무단복제를 금합니다. 이 책의 전부 또는 일부를 이용하려면 반드시 사전에 저작권자와 래디시의 서면 동의를 받아야 합니다.

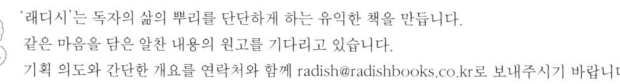

'래디시'는 독자의 삶의 뿌리를 단단하게 하는 유익한 책을 만듭니다.
같은 마음을 담은 알찬 내용의 원고를 기다리고 있습니다.
기획 의도와 간단한 개요를 연락처와 함께 radish@radishbooks.co.kr로 보내주시기 바랍니다.